中语文汉字文化
教学理论与实践

石爱国◎著

U0611129

辽宁人民出版社

© 石爱国 2022

图书在版编目（CIP）数据

高中语文汉字文化教学理论与实践 / 石爱国著 . ——
沈阳 : 辽宁人民出版社, 2022.11
ISBN 978-7-205-10587-7

Ⅰ . ①高… Ⅱ . ①石… Ⅲ . ①中学语文课 – 教学研究
– 高中 Ⅳ . ①G633.302

中国版本图书馆 CIP 数据核字 (2022) 第 183716 号

出版发行：辽宁人民出版社
　　　　地址：沈阳市和平区十一纬路 25 号　邮编：110003
　　　　电话：024-23284321（邮　购）　024-23284324（发行部）
　　　　传真：024-23284191（发行部）　024-23284304（办公室）
　　　　http://www.lnpph.com.cn
印　　刷：辽宁新华印务有限公司
幅面尺寸：145mm×210mm
印　　张：6.5
字　　数：150 千字
出版时间：2022 年 11 月第 1 版
印刷时间：2022 年 11 月第 1 次印刷
责任编辑：张天恒　　王晓筱
装帧设计：中知图印务
责任校对：刘再升
书　　号：ISBN 978-7-205-10587-7
定　　价：58.00 元

前 言
/ PREFACE /

汉字作为记录汉语的语言符号系统,是由汉民族先祖们在实践活动中创造,并历经数千年的沉淀与发展,具有独特的表意功能和优势的文字。它不只是书写的工具,更有着深刻的文化意涵。在最开始造字的时候,汉字的构形便是汉字本身词义的形象化,人们用"图画"的形式把汉字意义形象生动地表现出来,并且,这种简单的图画一般是用来记录生活,以当时的社会生活为背景。在这样的基础上,汉字的形体构造与古代社会文化产生了极为密切的关联,所以也让后人对汉字文化的解读成为可能。汉字中蕴含了丰富的文化信息,也承载着独特的文化价值。同时,汉字是一种表意体系的文字,汉字与文化之间存在着非常密切的联系,因此,从文化这个角度来研究汉字,对汉字进行阐述,有助于我们进一步深入研究汉字,也能为汉字文化的研究提供一定的新思路。

高中阶段的汉字教学已不能再像义务教育阶段那样以识记为主,而是要在识记的基础上进行文化的渗透。常规的汉字教学主要就是以识记为主,对于汉字背后所蕴含的文化意蕴的分析是较为欠缺的。到了高中阶段,学生的身心发展和知识储备已趋于成熟和完善,再只进行简单的汉字识记就难以满足他们的需求。因此，在高中阶段的汉字教学中就需要引导学生去整体把握汉字的起源、特点、造字、构形等理论以及汉字的发展演变等内容，从而使得学生在学习和使用汉字的同时能够领会更多汉字所承载的文化内涵。

　　语文教学的目的是让学生在正确、熟练、有效地运用祖国的语言文字的同时，增强文化意识，重视本民族文化遗产的传承。让学生不仅具有民族文化意识，更具有文化创造意识，这既是社会发展的必然要求，也是语文学科的自身发展和人的全面发展的必然要求。而汉字不仅最富中华民族特色，充分显示了中华文化的独创性和民族性，而且也具有世界性。在不同的历史时期，汉字对人类文明的发展做出了不同的贡献。汉字是中华民族文明史中的一个极其重要、不可分割的组成部分。中华民族灿烂文化的形成和发展受惠于汉字。中华民族走向世界，自立于世界民族之林同样受惠于汉字。继承中华民族的优秀传统文化先要继承汉字和汉字文化，否则，这将成为一句空话。不懂汉字及汉字文化的人也最终不是一个合格的中国人。

目 录
/ CONTENTS /

第一章 汉字文化与汉字文化教学

第一节 汉字、文化与教学的关系

在界定"汉字教学"概念之前,有必要先把它与"识字教学"做一下区分。什么叫识字?识字的定义是什么?张田若在《简论汉字教学的几个问题》(1979年1月,教育研究丛刊)中做了这样的论述:"简言之,识字就是统一地掌握字的形、音、义。也就是使字形、字音、字义在学习者的头脑中建立牢固的联系。"采用"汉字教学"而非"识字教学"的提法,主要考虑以下原因。

从过去有关汉字教学的实践和理论研究来看,大多把汉字教学定位于对新字的掌握,如字形、字音、字义的学习上,对后来阅读或其他学习过程中关于熟字的进一步解释阐述并没有纳入识字教学的领域。而事实上,语文教学中除了在小学低年级需要集中学习大量的新字外,后续学习中还会出现重新解释旧字的现象,比如阅读过程中对重点字的解释,文言文中出现的旧字新义等现象,因为这种学习主要从汉字本身的构形、汉字造意等文字学角度出发,所以仍然属于汉字学习范畴。如中学语文教学《荀子·劝学篇》的"不积跬步,无以至千里","跬步"是半步的意思。最初学生不太理解,因为我们今天所说的"半步"是一步的一半,难道说古人都像闺阁小姐一样迈着碎步吗? 当然不是。那么,到底什么是"半步"呢? 通过对"步"字的研究就好理解了。"步"字在小学低年级早已经学过,对基本的字音、字形、字义,学生都已经掌握,但这里却需要对"步"字做进一步分析和学习才能真正领会这篇文章中的意思。"步"是个会意字,由"止"和"少"两部分组成,"止"即"趾",就是足。"少"是"止"的反文,也是足,两字相叠,表示两脚相承而动,成为"步",也就是说,古代的一步,实际上是举足两次,即相当于今天的两步,而"跬步"也就是今天的一步了。因此,尽管识字和写字不是高中阶段语文学习的主要任务,《高中语文课程标准》仍在更高层次上提出了要求:"观察语言文字应用中的新现象,思考语言文字发展中的新问题,努力在语言文字运用过程中有所创新。"然而,这样的汉字学习在传统识字教学中没有受到应有的重视。

一、静态分析:造字方式藏文化(从造字表意角度看)

汉字作为一种记录语言的符号,与文化之间存在着非常密切的关系,因此可以从文化的角度对汉字进行解构。汉字是表意文字,因此,汉字自身的构造与意义有着密切的关联,也反映着丰富的文化信息。那么,汉字又是如何产生、发展而来的呢?源远流长的汉字是世界上最古老的文字之一,这种古老的表意文字在最开始并不可能像今天的文字一样系统和规范,而是经历了不断的发展。汉字的诞生和出现是我们的社会进入文明时代的标志,所以,基于此,探讨汉字的起源便关系到了中国古代文明何时开端的重要问题。那么,在文字产生以前,远古时期的人们如何记录语言呢?下面是流传较多、较广的三种汉字起源。

(一)汉字源于结绳

"结绳记事"这一说法历来已久,在古代文献典籍中也有对"结绳记事"的相关记载,比如《周易·系辞下》中有:"上古结绳而治,后世圣人易之以书契。"东汉的许慎在《说文解字·序》中提到:"神农氏结绳为治而统其事。"但是,结绳本身并不能完整地记录事情,只能作为一种简单的标志,因此也达不到文字表情达意的效果,所以,结绳并不能算作文字,而且也不可能发展成文字。

(二)汉字源于图画

实际上,有大量资料证明,图画的产生远远早于文字。而文字产生前的最原始形式一般都是源于图画的,比如楔形字、古印度文字字形的原始形式都是具有图画性质的,汉字也是如此。图画可以帮助人们记忆事物,也在一定程度上传达想法,比如人们画上一只简单的动物画像,看的人便能很直观地认出画上的动物,这就起到了传达信息的作用。然而,当图画中呈现的内容复杂繁多时,若让不同的人解释,肯定会传达出不同的信息。所以,在这种情况下,图画便不能像文字一样准确地表达出作者的意思了。当然不可否认的是,在这种认知下,图画是用来表达想要说明的事物,传达信息的一种方式,人们可以通过图画内容来理解其中的含义,这就已经类似于文字的功能,所以后来也有"图画文字"的说法,这种图画文字当然是不能与真正的文字等同的,它展示的图形与符号不能和字词完全对应起来,它不能表达过于复杂抽象的信息,但它对真正文字的产生,有着重要的启发作用。

(三)仓颉造字说

在有关汉字起源的各种传说中,"仓颉造字"是流传得最为广泛的。这种传说在战国时期便已开始流行。传说仓颉有四只眼睛,出生便会写字,"昔者仓颉作书而天雨粟,鬼夜哭",在他造字时,惊动了天地鬼神,天上下起了粮食,鬼在夜里吓得哭泣。从这个传说的内容可以看出,这种起源说是把创造汉字的功劳归结在仓颉一个人身上。然而,历来研究的学者一般都认为,汉字不可能是由一个人创造的。荀子提到:"好书者众矣,而仓颉独传者,壹也。"这就表明,仓颉是在原来零散的字符的基础上,做了统一归纳处理,将字符从零散归为系统。当然,仓颉这个人本身是否存在,似乎已经不能得知,这也就有待相关研究学者再去考察研究。但我们不可否认的是，"仓颉造字"这一传说在汉字研究方面确实具有非常宝贵的参考价值。

以上提到了三种汉字的起源，可以肯定的是，文字起源于远古时期，并经过了漫长的发展历程，才最终有了完整的汉字系统。那么，现在多达数万的庞大汉字体系又是如何创造出来的呢？其实，在2000多年前，古人就已经有了对汉字字形结构与其意义之间关系的研究，并有了一定的研究成果，也就是所谓的"六书"理论。"六书"一词，最早出现在战国时期的《周礼·地官·保氏》中："保氏掌谏王恶，而养国子以道，乃教之六艺：一曰五礼，二曰六乐，三曰五射，四曰五驭，五曰六书，六曰九数。"在这里，"六书"仅仅有一个名称，并没有具体的内容。此后，东汉班固在《汉书》中提到："古者八岁入小学，故《周官》保氏掌养国子，教之六书，谓象形、象事、象意、象声、转注、假借，造字之本也。"然而班固也只是在书中列出名目，后来东汉的许慎在《说文解字》中对"六书"做出这样的解释："《周礼》八岁入小学，保氏教国子，先以六书。一曰指事。指事者，视而可识，察而见意，上下是也。二曰象形。象形者，画成其物，随体诘诎，日月是也。三曰形声。形声者，以事为名，取譬相成，江河是也。四曰会意。会意者，比类合谊，以见指撝，武信是也。五曰转注。转注者，建类一首，同意相受，考老是也。六曰假借。假借者，本无其事，依声托事，令长是也。"这也为"六书"做出了系统的阐述。当然,后来人们公认的"六书",采用了班固所列的次序和许慎的名称,即象形、指事、会意、形声、转注、假借。掌握造字方法,可以让我们更好地学习汉字,同时,汉字形体结构也包含着许多文化意蕴,在造字六书中,一般认为前四书是造字之法,后面两书为用字之法,从造字方式中也能触类旁通,去感受汉字中隐藏的魅力和文化。因此,笔者从象形、指事、会意、形声四个方面来探讨汉字形体中的文化内蕴。

象形字。汉字的基础是象形,许慎说象形"画成其物,随体诘诎",也就是说把实物的外形勾画出来,文字就像被勾画事物的形状,使人一看文字就知道它表示什么样的含义。那么,如何"画成其物"?这里面却包含着深刻的文化内涵。姜亮夫先生在《古文字学》中说:"整个汉字的精神,是从人(更确切一点儿说,是人的身体全部)出发的,一切物质的存在,是从人的眼所见、耳所闻、手所触、鼻所嗅、舌所尝出发的,而尤以'见'为重要。"也就是说,在象形这种造字方式里,反映了人们认识事物的特点,即以人为中心。指事字和象形字是不同的,是在象形字的基础上加上指事符号,或者抽象符号。如许慎所讲"上下是也"中"上""下"二字,就不是与象形中的"日""月"二字一般表示日月的具体形态,它表示的是一种状态。三是会意字。许慎对于会意字的解释是"比类合意,以见指撝",是将两个及两个以上的形体会合成一个新的字,而这个新字的意义便是这几个形体意义的联系总和。

四是形声字。形声字由形旁和声旁构成,形旁表示的是形声字的意义范畴,又称形符、义符,是形声字的表意部分;声旁表示的是形声字的读音,又称声符、音符,是形声字的表音部分。从各种汉字形旁种类来看,我们不难发现一个现象:越是与人们日常生活相关的事物,就越有可能充当形旁,并且所属汉字也越多。部首所属汉字的多与少,也能反映出古代社会的生活与各种文化。比如部首"贝",这个形旁便与经济钱财相关,例如,贷、货、贵、赈等。在《说文解字》中,"贝"的意义是"海介虫也",也就是我们所说的贝壳,那么和经济活动、钱财相关的汉字都是"贝"字偏旁,其实也从侧面反映了贝壳充当过古代贸易流通的货币。当然,这种说法不是凭空捏造的,在《说文解字》中,许慎又提到:"古者货贝而宝龟,周而有泉,至秦废贝行钱。"这就表明,至少在秦以前,"贝"确实是作为货币而使用过的。为什么"贝"能够作为货币流通呢?在夏商时期,进入奴隶制社会以后,贝就成为主要的货币形式,而它之所以能成为货币,是和当时贝的稀缺分不开的,贝产自南方海中,而夏商周地处北方,贝更是稀有,同时,贝因为本身的天然优势,是充当货币的好材料。尔后,金属货币开始流行,贝也因此渐渐退出了货币市场。

当然,不管是哪种造字法则,我们都要好好去探寻其造字规律,只有这样,我们才能更好地去得知汉字的意义,以及更好地去探求汉字中所蕴含的文化信息。何九盈在其《汉字文化学》序言中提到这样的观点,他认为汉字形体结构的分析是研究汉字文化底蕴的主要依据,而对于同一形体结构究竟要如何去分析,表示什么样的文化含义,必须要有充分的文献和文物材料作为证据,并且还必须具有正确的考据逻辑,使这种考据符合字理、语理和事理。所以,我们对字形的结构,一定要严谨,要避免望文生训,以今律古。①

二、动态审视:用字过程含文化(从组词造句角度看)

事实上,一个民族的文化必然对本民族语言有所影响,语言必定会烙有社会文化的印记。所以,汉语中一些特定的词语以及它们组成的句子,在深层次上通常也会凝聚着丰富的文化意蕴,带有强烈的感情色彩,而这种词语在特定的语境中就可以延展开去,产生新的具体内容。

汉语中的复合词受到民族文化的影响则更明显,例如:"君臣""父子""夫妻",这三组词中的语素排列顺序值得探究。从这三个词来看,在古代封建体制的浸染下,人们自然就有一种强烈的尊卑有别、长幼有序的等级观念,这种词语的组成便是受到了等级制度文化的影响。当然,这种文化不仅体现在这几个词当中,如主从关系、先后顺序、好坏等之类的词都是有所影响的结果。除此之外,四字成语中也有这样的体现,例如:"上行下效""左顾

①张素丽.汉字文化视野下的识字教学研究[M].天津:天津人民出版社,2019:92.

右盼""前赴后继""上天入地""男耕女织"等成语都有明显的先后顺序。而且,有另外一种情况是,许多词语在句子中有不同的具体含义,这需要一定的语境。举个例子:"小草"这个简单的词汇除了它的字面意义外,没有其他层次的文化意义。尔后在一首流行歌曲《我是一棵小草》中有这样一句歌词:"没有花香,没有树高,我是一棵无人知道的小草。"在这首歌里,"小草"已经成为甘于平凡而乐于做出奉献的形象与精神的象征。因此,当在某个具体情境中,一个人说出"我甘愿当一棵小草"的时候,想必一般人都会知道这个人想要表达的真正含义。这就表明,在具体语境中或是特定的文化环境下,一些普通的汉语词汇会产生新的文化意义,并在被人们熟知和广泛使用后成为固定的文化含义。

从语句上看,中国史上产生了许多的文学形式,诗、词、曲、赋等是主要形式。除此之外,对联也是中国文化的一种常见形式,这种由汉字组成的对偶形式的句子,至今还在沿用。在北宋时期,城市经济和市井文化的繁荣已经为对联提供了发展所需要的环境,既能"雅"也能"俗",人们能够雅俗共赏。同时,当时宋代的节日文化又很发达和世俗化,所以,在这种背景和条件下,与这种世俗化的需求相联系,对联也因此与世俗生活挂钩了。对联的产生与发展到这时就步入正轨了。到明代时,社会生活更加贴近世俗,这种世俗化的生活推动了对联走向成熟。从最开始的功能来看,桃符是为了辟邪祈福的,尔后产生了对联,相比于桃符而言,对联的实用性更强,由最初的迎春祈福扩展到了婚丧嫁娶、文化活动、剖明心志等,这就包含着一种文化心理。世俗生活的一个常见特点是人们通常会将自己平凡琐碎的生活寄托在能够帮助自己获得慰藉解脱的方式上,对联也是其中的一种含蓄的形式,不过于直接地表露,却也用文字来表达,这种方式也的确符合中国人讲究含蓄、谦和的做事特点和文化心理。同时,对联也成为文人墨客展现自我、展现才华的一种机会,或者是说借助这种方式来获得认同。实际上,这确实是能展现他们文化修养和敏捷才智的绝佳舞台。同时,对联也是中国文人心中独特的一方天地,这方寸之地是束缚与禁锢中的抒发,是顺从与无奈中的不甘,是内敛与沉默中的……

对联和诗歌都是采用对偶句的句式,只是诗歌的内容更多,就诗歌体式来讲,一般是分为古体诗和近体诗,近体诗包括绝句和律诗。而从格式上来看,诗歌的写作都会有严格的韵律和平仄格式。从内容上来看,诗歌中也能展现出大量的文化信息。中国古典诗歌的美就在于它的意境,意境的赏析实际上是"一千个读者有一千个哈姆雷特",因为诗歌含蓄的创作手法让诗歌意境的鉴赏变得见仁见智,字数的限制使得诗歌"言有尽而意无穷"。同时,诗歌中意象的选取就需要作者去精心挑选了。就以意象的选择来看,我们都知道,中国传统文化中,有许多意象都有其固定的文化内涵,从古至今,诗词中经常见的一个意象是"柳",有谐音"留"之意,"昔我往矣,杨柳依依"。在送别亲友之际,古人通常会折下柳枝,并以此来表达对亲人朋友的不舍之情。这个意象所包含的文化信息至今仍在沿用。同时,在爱情诗中,"莲"也是常见意象之一,"莲"谐音为"怜",有"爱怜""怜惜"之意,如"低头弄莲子,莲子青如水"一句,表现的就是男女之间的怜爱之情。

所以,在词语的使用中,或是在对联、诗歌等文学形式中,作者对于如何用字必然是会下功夫的,或是含有固定文化含义的词语,或是具有固定文化内涵的意象等。因此,在教学中,要让学生有意识地去多阅读好的作品,去鉴赏文学作品,这对于提高遣词造句的能力也是大有裨益的。

三、教育考察:教字环节显文化(从识字解言角度看)

作为表意文字的汉字不仅是交流和表达的工具,更是蕴含着中华文化的"宝箱",所以汉字在语文教学中的文化价值不言而喻。尽管汉字的结构形式多变,但是它结构的有理性和系统的稳定性让它具有了丰富的文化内涵,体现着中华民族的民族精神,而这种有理性和稳定性为汉字文化融入语文教学中创造了可能。一般汉字的构造都是有依据的,每一个汉字都有创造的根据和理由。王宁先生提出了"造字理据"的概念,也就是说,在造字之时,汉字形体中的意义是造字者的一种主观意图,这其中还包括造字的目的动机以及认知心理。语言的产生是与人的生产和思维活动息息相关的,伴随着生产力的提高,古代先祖们的注意力也不再只是放在简单的衣食住行上,而是开始对这个世界有所探索,他们开始对自然、宇宙等外部环境产生好奇心,也因此对天象地理等有了直观的印象和感受,再后来,人们把这种印象刻画在了岩石墙壁上,这种图画也就是最初的文字原型。当然,人们最开始关注的可能就是太阳,"日出而作,日入而息",人们随着太阳的东升西落来劳作或者休息,所以他们就把"日"描绘成圆满的形状。而对于月亮,便不再是描绘成圆形,因为经过人们长时期的观察,月亏的时候比月圆的时候更多,所以在造字之时,便把它描绘成月缺时的形态。这就说明古人在造字时的造字意图。当然,理解了汉字的构造理据,其实也能帮助我们去理解汉字中蕴含的文化信息。

对高中生的识字教学,与小学生的教学方法不同。在这个年龄阶段的高中生已经接受了九年的义务教育,在学习上已经有足够的认知和接受能力。我们要做的,就是在教学过程中,遵循汉字特点,并且结合学生已有的知识和生活经验,从汉字本身的形体结构出发,再进而和学生一起探知汉字的形体演变与构造特点,通过不断地解答学生识字过程中的疑惑,从而激发学生学习的兴趣,让学生在求知解惑过程中建立起汉字音、形、义间的系统关联,并能进一步探求汉字中蕴含的文化信息。

　　而教师在教学中要"以文化人",才会让学生们在学习汉字的同时感受到民族文化智慧的源远流长。当然,对汉字构造的字理和汉字中蕴含的文化信息进行解读,将汉字的音、形、义结合起来,能让学生在根本上掌握汉字的构成。从汉字文化的角度进行语文教学,即在宏大的文化背景下进行教学,那么,本质上识字的过程就是学习汉字文化的过程,也是传承中国文化的过程。

第二节　汉字文化的本质内涵与形态

一、汉字文化的概念

　　汉字是民族文化的化石,是历史的载体,是前人智慧的结晶,是有着鲜活生命的"你""我""他"。在我们的方块字中潜藏着丰富的审美和诗意,有着深厚的文化意蕴,有着独特的文化魅力,有着深厚的爱国情结,尤其是漂泊在外的海外游子,这种情结更加浓厚。《汉字的魅力》一文中字里行间都蕴含着这种情感。

　　汉字之美,美在形体。你看吧,每个字都有不同的神韵:"明"是由两个象形字"日"和"月"组成的会意字。"是太阳公公和月亮公公在一起",作者用儿童的语言写出了儿童的心理。"雷""雪""霜"三个字都是形声字,同样富有形象性,在辞义上都与"雨"有关,这三个字富有典型性和趣味性。你想吧,"太阳"这个词使你感觉到了热和力,而"月亮"却又闪着清丽的光辉;"轻"字给人飘浮感,"重"字一望而沉坠;"笑"字令人欢快,"哭"字一看就像流泪;"冷霜"好像散发出一种寒气,而"幽深"两字一出现,你便似乎进入森林或宁静的院落;当你写下"人"这个字,不禁肃然起敬,并为"天"和"地"两字的创造赞叹不已。这些有影无形的图画,这些横竖钩点的奇妙组合,同人的气质多么相近。它们在瞬间走进想象,然后又从想象流出,只在记忆中留下无穷的回味。这是一些多么可爱的小精灵啊!

汉字之美,美在风骨。在世界文字之林中,中国的汉字用一个个方块字培育了五千年古老的文化,维系了一个统一的大国的存在,而且是强有力的,自成系统的。它的创造契机显示出中国人与世不同的文明传统和感知世界的方式。不管这块东方的土地上有多少种不同的语言,讲着多少互相听不懂的方言,但这汉字的魅力却成了交响乐队的总指挥。作者在这里把汉字的丰富多彩比作"奇妙绚丽的大花园",不仅通俗易懂,而且生动形象,富有文学色彩和感情色彩。这个"大花园"对孩子有着巨大的吸引力,"他从此必定一步一步欢笑着、跳跃着奔向前去"。"必定",强调不容置疑;"欢笑着、跳跃着",写出孩子的欢笑心情和欢快动作。有良好的开端(第一步)必定有良好的结果。吸引力就是汉字的魅力。

汉字之美,美在精髓。20世纪,面对科学的飞跃,人们在慨叹中国技术的落后,想在困惑中寻求摆脱这种象形文字带来的同世界的阻隔,因而发出了实行汉字拼音化的震撼灵魂的呐喊。是的,这种呼唤曾经搅得热血沸腾,但却有点儿唐·吉诃德攻打风车的憨度。中国的汉字以其瑰丽雄健的生命力证明了自己的存在价值。是电脑接受了汉字,而不是电脑改变了汉字。在科学攀向高峰所出现的复杂思维状态中,倒是那种拼音文字需要不断再创造,以至到了不堪忍受的烦琐程度;唯有中国的汉字反而焕发出青春,轻而易举地用原有词汇构成了新的概念和术语。真的,中国的方块字能消化各种外来的新创造,因为它拥有一个单字的海洋,让人们熟悉这种文字后,可寻求的新的组合和创造的天地是那样的宽广而简便。

汉字之美,美在真情。像徜徉在夏天夜晚的星空下,为那壮丽的景色而迷醉,中国汉字真是让人无限钟情,并震惊于它的再生活力和奇特魅力。在人类历史的长河中,它将越来越被世人所珍惜和喜爱。汉字是中华民族优秀文化的重要组成部分。汉语还是当前世界上使用人口最多的语言文字。目前地球上使用汉字的人口大约有15亿,占世界人口的20%,几乎相等于合用英语的15亿人口(以英语为母语的书面语的只有3亿多人)。据联合国教科文组织提供的数据,中文也是互联网上的第二大语言文字。随着我国国民经济持续高速发展以及在国际上日益增长的影响力,世界各地学习汉语的兴趣日益升温。目前,全世界已有60多个国家的学校开设了华文课程，美国有700多所大学设有中文课程，许多人已看到华文中还蕴藏着无限商机。

汉字也不是十全十美的，它也存在字形庞杂繁复，比较难认、难写等弱点，需要慎重地加以系统改革和创新。并且，其他文字也有其优越之处。如英文善于细致地描述事物，有利于开发逻辑思维，是当前国际科技、信息、金融交流的主要文字。法文结构严谨，语法细腻，可免于歧义，是法律、合同等有约束性文件的极佳文字。随着世界各种文化的交流融合，不同语言文字都可相互参考，取长补短，相得益彰。汉字在总结历史经验中借鉴吸收了其他文字的优越性后并将其进一步发扬光大。国运盛，汉字兴，汉字有着广阔美好的发展前景，汉字的优越性对中华民族的团结和振兴，将发挥其独特的作用。[1]

二、汉字文化本质：中国人价值观的符号化彰显

我们都知道，文字是民族文化的基石和精髓，汉字凝聚了丰富的中国民族文化，体现了汉民族的思维与精神特征。而汉字本身就是一种文化现象，把汉字和文化结合起来的"汉字文化"更是值得学者们研究的课题。汉字文化是一种精神文明建设，具有一定的理论和实践意义。汉字在早期阶段是由象形法来构造的，即"画成其物"，由图画抽象而成，这种构形特征实际上是"写意"的，它和汉

---

①邵怀领.汉字文化教育与课程开发体系研究[M].北京：中国社会科学出版社，2015：95.

语的"注重意会，以神统形"的文化特征相一致，这种文化因素使汉字拥有一种飘逸潇洒的气质，并在这种内在气质中发展了具有独特审美价值的书法艺术。汉字的书法艺术中体现了古代人独有的审美意趣，这种审美意趣浸透着他们的价值思想、为人处世等。从实质上来说，这两点是相互贯通的、相互感发的。好比一个人在书法上的造诣很高，并且能够触类旁通，就能将书法中蕴藏的道理、规律运用到生活中去。如在写书法字时，笔画有粗有细，有锐利有缓和，有折角有圆弧，其实也旨在说明为人处世亦要有张有弛、亦方亦圆。再如书法中的"藏锋收锋"，也能探寻出一些人们所追求的价值取向。所谓"藏锋收锋"，就是写一笔画，落笔时欲右先左，欲下先上，把锋尖包裹在笔画里，收笔时必须要把笔尖轻轻逆收回来，使笔画首尾显得圆浑、富有曲线而又不尖细刺眼，这也正是古人对崇尚浑圆饱满的审美倾向的体现。古人一般都以圆润、浑厚为美，以尖细、刻薄为丑。所以，我们若是要评价他人相貌，在夸奖时便是说"天庭饱满""地阁方圆"；而"尖嘴猴腮"便是说人相貌丑陋，"尖酸刻薄"形容人品性不好，所以一般这类的词便是不好的表述。同时，汉字中还体现出浓厚的人文精神。我们都知道，中国文化处处充满着人文精神，比如孔子所提倡的"仁"，所谓"二人为仁"，即对待别人就应该像对待自己一样，"仁者爱人"，爱别人就是爱自己。他以"仁"为核心衍生出的孝悌忠信，都富含人与人相处的道德内涵。

总而言之,汉字是民族文化的构成要素之一,它的产生与发展,终究是离不开广阔的民族文化背景。文化对汉字的渗透,最终使汉字具有鲜明的文化特征。

三、汉字文化外形:中国人对世界的认知与评价

汉字背后所蕴含的民族传统文化信息,从根本上来说,取决于我们祖先对世界的探索、认知与评价。汉字用形象的符号来表示一定的意义,但是在不同的历史文化背景下,符号和意义的表达可能不是固定的,这也展现了深厚的文化内涵。实际上,汉字在构造之初便有了一定的文化内容,会有明确的初义,汉字的意义也具有一定的规定性。然而事物也会具有多元性,一个汉字的意义可以朝着不同的方向去发展,而究竟往哪方面发展,则还有另外一个决定因素:人们的文化观念。人们的文化观念有着重要的制约作用,比如"天",本是指人的头顶,但是被人们用来表示天地的"天"。在商代的时候,"天"就已经出现了和现代意义相近的概念,是为"天地"之"天",虽然没有出现完全表示天空这个意义的字,但是已经有其他字来表明古人已经意识到"天空";比如下雨的"雨"字,甲骨文写作"m","m"的上半部分就是上天的含义,这时候人们已经意识到雨水是从天上而来。本来"天"的本义是人的头顶,是人体的最高处,但是人们又认识到了天空是比人的头顶更高的存在,认为"天"是"至高无上"的,这就体现了人们认知的发展和变化。由此可见,汉字中蕴

含的文化信息是可以根据人们的文化观念的改变而改变的。

四、语文教学中要注意挖掘汉字的文化内涵

汉字，作为语文教学内容的重要组成部分，掌握它的特点及演变发展规律，理解它的独特功能是有效进行语文教学的首要条件。简化是汉字发展历程中的关键一步，对汉字简化过程的关注应成为汉字学习的基础。

（一）汉字简化历程回顾

追寻汉字形体演变的轨迹，我们能清楚地发现一条汉字简化的路径：图象化—线条化—笔画化。最初的记事图画可以看作是汉字的滥觞。它用象形的画面表达形象的意义，将中国的汉字指向了一条表意的发展道路。殷商的甲骨文、周代的金文都带有明显的图画特征，它们"近取诸身，远取诸物"，通过对外界事物的图画性描绘来传达意义。之后，秦国的大篆和六国文字在保留图画痕迹的基础上开始简化，简化的趋势朝着线条化方向发展，直至小篆的出现才使这一转变发生质的变化。"小篆一方面减少文字的图画性特征，使汉字朝着符号化方向迈进，另一方面也减少了笔画，使汉字朝着由繁到简的方向发展"。随着社会的进步和人们应急求快的需要，出现了书写更快捷的字体——隶书。隶书改小篆曲笔为直笔，并用点、横、直、撇、捺、钩等笔画构成汉字，使汉字形体删繁就简，由线条化阶段到笔画化阶段。此后，人们又不断简

省汉隶，到魏晋南北朝时期，终于形成了一种形体方正、笔画平直、足为楷模的新字体——楷书。至此，汉字形体在经历了图象化、线条化之后，以笔画结构的形式固定下来。

在汉字完成形体的自然演变之后，人们便开始对字形进行有意识的整理和改革，开展了一系列以"减少笔画，精简字数"为主的改良汉字的简体字运动，采用简化偏旁、同音代替、草书楷化等方法，使汉字结构进一步简化，出现了一系列简化字。简化字方便了汉字的使用，却丢弃了汉字本身所承载的丰富文化内涵，把基本以表意为主的文字变成单纯的录音符号，人们使用的不再是一种具有多种文化解读功能的意义承载单位，而是一种语言记录符号，汉字的内涵随汉字的简化而逐渐简单化。

（二）对汉字简化的思考

"望文生义"是汉字的一个基本特点，隶变以前的汉字处于象形兼表意的阶段，"象形文字"具有较高的自我说明性，在信息不是过分复杂的情况下，具有共同生活经验的人能够跨越时空阻隔读解它，它属于提示记忆的符号体系。隶变后汉字的象形原貌完全消失，全部汉字表意化，汉字用笔画的组合直指意义的传达，虽然还保留着汉字"因形见义"的传统，但字形的简化和笔画的减少却改变了这一汉字特征。在字形与意义通过固定结合形成一定的思想定式后，字形本身对意义的传达已不再重要，其自身的简化和符号化便成了一种趋势,这一趋势使汉字所包孕的古文化信息也一并简化掉了。这不能不让人感到惋惜,却又是一种必然。由于起源于图画的汉字本身存在着笔画繁多、结构复杂、难认难写的特点,它需要删繁就简来克服自身的缺点,同时社会发展的要求也需要汉字去繁就简。我们阻挡不了汉字简化的趋势,亦不能丢弃汉字所隐藏的古文化精髓,如何协调二者之间的矛盾?如何弥补因汉字简化所流失的文化内蕴?这一重任落在语文学科身上,语文教学要从本国语言文字的特点入手,发掘汉字丰富的文化内涵,发挥语文学科工具性和人文性的双重功能。

(三)语文教学要注意挖掘汉字文化内涵

语文学科学习的内容是汉语、汉字这种具有悠久、厚重历史文化积淀的载体。语文教学不仅要使学生学习和应用汉字,更应让他们在学与用的过程中感受民族文化的源远流长与汉字文化的博大精深。汉字的学习不能仅从简化字着手,停留于简单的认、读,而应以学习汉字为载体,传扬中国文化。

1. 发挥语文学科的工具性

根据汉字的字形特点教学,使学生能正确地识字、认字。汉字作为最基本的语文学习内容,追寻形体发展轨迹,探寻字义演化规律,是准确掌握汉字的一条有效途径。今人在学习汉字时认为字形难记、字义难理解,是因为在学习的过程中,他们完全抛弃了字形本身,仅从文字是记录语言的书写符号出发,认为文字所表示的意义来自所记录的相应符号的意义,将语言单位的意义当作了字义。因此,在学习的过程中只能采取死记硬背的方法,把语言与文字符号一一对应上。殊不知汉字学习要以字形为基础,其意义是凭借字形的结构体现出来的。围绕并透过字形来分析各字的原初意义,是古人学习汉字的基本方法,也是今人语文汉字教学需要借鉴与学习的。汉字的简化使得古今字形差别较大,因此,作为从事中小学语文教学的教师应该具备一定的汉字历史知识或古文字常识,在讲解某些汉字,尤其在分析字义时,能追根溯源,采用"说文解字"的方法,做出形象的分析,帮助学生更准确地理解汉字。一方面可以通过字形分析,正确掌握汉字,从而纠正错别字。人们在使用汉字的过程中,通常会因为不理解某些部件的意义而写错、写别。另一方面可以据形求义,找准本义,进而掌握词义系列的理论依据,加深对汉字的理解。

2. 发挥语文学科的人文性

要挖掘汉字所蕴藏的丰富文化内涵。语文学习不仅包括语言文字的掌握,字词句篇的理解,同时它还要关涉自然、社会、历史、艺术等多学科知识的整合及人的情感、价值观等人文底蕴的形成。汉字的人文性体现在它蕴含着丰富的历史文化和民族精神风貌,"作为打开华夏文明史的汉字,正如一块块化石,将古老民族的文化心理,历史演进轨迹活生生地勾勒出来,折射出中华民族的传统

文化,浸透出华夏民族的物质生活和精神风貌"。汉字的
简化使得这一功能变得无迹可寻、无据可考。语文是贯
通古今文化的桥梁,语文教育要承担起传承文化的使命,
通过"教学"的途径,弥补这一文化断层,发挥语文学科的
人文性功能。

　　汉字携带的信息常呈"外溢"之势,简化虽使汉字已
不复当年的象形面貌,但方块汉字的构形部件仍在,基本
轮廓未变。语文教师在汉字教学过程中要注重汉字文化
的解读,使学生掌握形、意的同时,潜移默化地传递给学
生丰富的文化信息,如古人的生产、生活知识。通过语文
课上对"渔"(甲骨文从鱼、从手、从线,意为用鱼竿钓鱼)、
"逐"(甲骨文从鹿、从足,意为用手张网捕虎)、"采"(甲骨
文像用手摘野果之形,反映了古人以草木之果为食的原
始生活)的分析,可以让学生了解人类社会由渔猎而畜
牧,由畜牧而稼耕的演进历程,使学生对人类发展的历史
知识有所了解。同时,社会的道德风尚也可从文字教学
中得到阐释,如"仁",甲骨文从人、从二,"犹言尔我亲密
之词"(段注),体现出道德的核心在于一种温情脉脉的人
际关系形成,让学生树立正确的人生价值观。此外,古人
对待人、事的情感倾向也无不从汉字中得到体现,上古四
方之族多有虫兽偏旁,如"狄""戎""貉""犹"之类,多指一
些少数民族,折射出当时人们心中的民族隔阂感,这虽不
可取,也应让学生有所了解,从而形成正确的是非评判标
准。学生良好的思想道德素质和科学文化素质,并不是

需要通过额外的语文教育再来培养，它们是浸透在语文教学内涵之内，而体现在汉字教学外延之中的，是语文学科本身固有的人文性的体现。随着时代的发展，社会的进步，历史距离我们越来越遥远，古汉字逐渐被今人淡忘，尘封于历史的长河之中。汉字的简化给语文教学提供了这样的思考：简化是一种趋势，但文化不可丢失，语文教学是沟通二者之间的桥梁。语文学科通过人文性和工具性的发挥，不仅要让学生了解汉字特点，正确掌握汉字知识，更应帮助学生理解汉字文化，促进语文素养的提高。

五、国内外汉字文化教学研究现状与价值

（一）国外"汉字文化教学"的研究现状

随着中国进一步的对外开放以及中国对外文化交流的日渐深入，学习汉语言已逐渐受到许多国家的高度重视，对汉语教学的相关研究也应运而生。20世纪90年代以前，在对外汉语教学研究中，针对词汇、语法等方面的研究较多，而针对对外汉字教学的研究相对较少。到了20世纪90年代中期以后，对外汉字教学才逐渐受到重视，相关研究也逐渐增多。这些研究大多集中在对汉字的字音、字形等对汉字本体认识层面的研究上，如崔永华在1997年发表的《汉字部件和对外汉字教学》，万业馨分别在2000年、2001年发表的《略论形声字声旁与对外汉字教学》《文字学视野中的部件教学》，胡双宝在2003年发表的《声旁有义和形声字教学》，李蕊在2005年发表的

《对外汉语教学中的形声字表义状况分析》等。也有学者认为应该注重字义,这样不仅能帮助学生更有效地学习汉字,还能促进学字与学词的统一。

至于汉字文化教学方面的研究,在国外则一向薄弱,可能是因为文化的内涵本身就很宽泛,如何利用汉字文化因素进行汉字教学、利用的尺度如何把握等问题一时都很难解决。张德鑫早在1999年发表的《关于汉字文化研究和汉字教学的几点思考》中就提出在对外汉字教学中应重视文化因素,但在其后的几年里,关于汉字文化教学方面的研究几乎无人问津。

(二)国内"汉字文化教学"的研究现状

作为中国传统文化研究的一个重要方面,国内关于"汉字文化"的研究早已有之,出现了大量的研究成果,至今仍方兴未艾。如华东师范大学中国文字研究与应用中心的刘志基教授所著的《汉字文化综论》(1999年7月,广西教育出版社),北京大学何九盈教授所著的《汉字文化学》(2016年3月,商务印书馆)等。关于"汉字教学"研究方面的课题也不少,如福建省厦门集美大学教师教育学院金文伟老师于2006年主持的《汉字学在小学语文教学中的应用研究》是从汉字学的角度谈小学汉字教学的,江西宜昌市第二十二中学陈焰于2009年主持的《汉字教学与评价运用研究》则重点研究的是汉字教学的评价问题。这些课题大多是针对小学阶段增加汉字储备来进行研究的,至于汉字文化教学方面的研究,则所涉甚少。

　　随着弘扬传统文化的呼声越来越高，出现了汉字文化进课堂的趋势，如2009年山东师范大学的刘爱军发表的《汉字教学的文化研究》，强调了汉字教学的文化功能，通过汉字教学可以发掘出其中的民族思维方式、审美情趣、道德观念。2012年寇璐璐在《考试周刊》41期上发表的《小学语文教学中的汉字文化教育》一文，认为在汉字教学过程中不应该仅局限于教会学生汉字应该怎样读、怎样写，还应该适当地挖掘和揭示汉字的文化信息，以便于开阔学生视野、训练学生思维、提高学习兴趣。

　　至于汉字教学对于语言教学的重要性问题，复旦大学博士生导师申小龙教授率领他的研究团队做了深度研究，出版了"汉字文化新视角丛书"（2014年6月，山东教育出版社），其中的《汉字思维》《汉字主导的文化符号谱系》两本书，表达了文字、语言和视像三者构成文化的核心要素和条件这一学术理念，重新确认了汉字在文化传承和文化融通中的巨大功能和远大前景。关于中学语文的汉字文化教学问题，除有一些零星的论文外，似乎还没有发现有专门的课题来研究。

　　（三）研究价值

　　通过高中语文"汉字文化教学"研究，让高中生了解汉字的演变史，了解汉字背后的更为丰富的文化，让学生更加重视汉字的学习，激发语文学习的兴趣；让高中生掌握一种更简捷更有效的精读文章的途径；让高中生的写作从审题到立意，从选材到表达都更精细化，力争写出精品化的文章；让高中生更深地了解并体悟祖国语言文字的魅力，感受并认同丰富的传统文化，提高核心素养，增强文化自信，做祖国优秀文明的传承者。借用《中国汉字听写大会》的宣传语，重视"汉字文化教学"研究，即重视"书写的文明传递，民族的未雨绸缪"。通过"汉字文化教学"研究，拓宽高中语文教学的思路，可以借此摸索出一种更具操作性也更为行之有效的高中语文课堂教学的新模式。

第三节　语文中的汉字文化教学

汉字是中华文明的载体，是当今世界上唯一留存下来的充满审美韵味与哲理意蕴的象形文字。据古代文献记载和考古发现，汉字距今至少有五千年了，至今仍然展现着它无穷的艺术魅力。从某种意义上说，汉字起源的历史就是中国文明开端的历史。中国的汉字，无疑已成为中华文明的一种符号，是中华文化的元素之一，更是中华民族智慧的一种象征。

然而在现代语文教学中，汉字的教学似乎脱离教师的视线，汉字文化也已沦为一个时代的牺牲品。不知从几时起，汉字的笔顺不学了，学生只要能照猫画虎，画出就行了；汉字的笔画要求没那么严格了，只要形似就差不多了；板报上很少见到学生漂亮的书写，很多老师的板书

(粉笔字)也展示不出字体的魅力了,其中不乏语文教师。更有甚者,有些教师在教学中,对汉字的拆解完全偏离汉字本身的意义。如老师为方便学生记忆,给学生记忆的诀窍,错误地歪解汉字构造。在讲"春"这个字时,将"春"拆解为"三人来看日","饿"字硬要拆成"我要吃食","且"字拆成"一日","韭"字形象地表述为"不是(非)一根"……现字拆件,望字拆意,牵强附会,完全曲解了汉字的本意,严重违背了汉字造字的科学性。现在盛行的"直映教育"中的"直映动漫认字",尽管可以很形象地很快地让小孩子认识很多字,但其中很多字的动漫制作与一些教师对汉字的无原则拆解如出一辙,这必定会对学生正确学习汉字造成消极影响,久之,极大地消解了汉字丰富的文化内涵。

幸运的是,习近平主席在多次讲话中提到要大力弘扬中国传统文化。全国上下,掀起了一股轰轰烈烈的弘扬传统文化之风。中高考改革背景之下,中华优秀传统文化更多地融入中高考试卷中。汉字文化也更深入地走进了教师的教学视野当中。在当今教育改革的大形势下,笔者认为汉字文化的教育应随时渗透到我们语文的课堂教学中,真正让汉字重新焕发其生命的活力,充分展现中国汉字所独具的魅力。

一、汉字与汉字文化

(一)"汉字是中国文化的根"

汉字素有历史文化"化石"之称。汉字的表意特性使其在形义之间、音义之间、字义变异的联系中,常能折射出古代社会的某种文化烙印,且在其形、音、义的历史演变中进一步透视出文化变异的信息。

1. 汉字的起源文化

关于汉字的起源一直有种种说法,每种说法都包含着丰富的文化现象,充满着浓厚的时代色彩。

汉书上记载,中国古圣人仓颉,"穷天地之变,仰视奎星圆曲之势,俯察鱼文鸟羽,山川指掌,而创文字"。现在能够提出的根据,最早的是河南舞阳贾湖出土的刻在龟甲和个别石器上的二十多个刻符,时间是公元前6000年左右,属新石器时期的早期,可以暂时把这一时期作为汉字起源的上限。同时,夏代是我国第一个有完整世系流传下来的朝代。1899年在殷墟发现的距今约3400年的商代甲骨文是目前能确认的最早文字。商代甲骨文造字方法齐全,能够完整地记录句子,已经属于较成熟的文字体系。汉字起源的历史就是中国古代文明开端的历史,汉字是迄今为止连续使用时间最长的文字,也是上古时期各大文字体系中唯一传承至今的文字。

今天我们所能见到最早的文字是殷商甲骨文,此后经历了文篆书、隶书、行书和楷书。作为中华民族最主要的书写工具,汉字的发展与中华文化的繁荣兴盛如影随形。最开始是文字数量持续增加。现代考古收集的甲骨文单字有4600多个,金文单字有3700多个。东汉许慎《说文解字》收字9353个,三国魏时张揖《广雅》收字

18154个,清代《康熙字典》收字47043个,现代《汉语大字典》收字54678个。

2. 汉字与中国的传统文化

汉字处于中国文化的大系统之中,它不但体现出中国文化的基本特征和基本精神,而且还受到其他层次文化的影响和制约。因此我们在研究汉字时,不但要对汉字本身进行独立的研究,还要把它放到各种文化背景中加以考察,这样不仅能够正确地把握汉字的规律,而且还能够阐释汉字的文化根源。

(二)汉字本身就是一种文化

1. 字形——优美的图画

(1)对称美

由于受传统文化的影响,古代讲究好事成双。《周易·系辞上》曰:"《易》有太极,是生两仪,两仪生四象,四象生八卦。"在我国古代文学、绘画、音乐、舞蹈、建筑、数学等方面表现最多的就是对称美,而在汉字的结构中其对称美也表现得非常充分。汉字对称美的分类则更多可以归结到古代数学中,将汉字主要的对称分为五种类型:正三角对称型、倒三角对称型、中轴线对称型、左右对称型、函数对称型。

(2)平衡美

平衡美在汉字里体现得比较多,第一,是汉字笔画间的平衡,如汉字中一些字的笔画比较多的,书写时要笔画细一些,整个字要稍小一些;一些字的笔画比较少一些的,在书写时笔画要稍粗一些,整个字要稍大一些。第二,是偏旁间的平衡,如"郭"字因左边笔画比较多一些,书写时右边要稍大一些、稍宽一些,要使整个字平衡、匀称、协调。最后是结构的平衡,左右结构中要求一些字书写时要"左高右低",比如"红""卸"等字,在书写时右边的部分要低一些,要保持下平。当然,在独体字中特别是一些虚结构的字里面,因为其重心不在某一个笔画上,汉字的平衡美表现得更加充分。如在"也"字中,古人掌握的"跷跷板"平衡原理被发挥得淋漓尽致。在跷跷板中,稍重的一方较低,重心也靠近稍重的一方。而"也"字的右边笔画多,显得稍重一些,如果平着写,右边太重重心便偏出整个字;为了平衡,所以书写时起笔要低一些(显得稍重一些),右边要高一些(使其显得稍轻一些),同时其重心也稍微左移,使整个字保持平衡。

(3)曲线美

汉字的曲线变化主要体现在笔画书写时起笔、行笔、收笔的轻重、长短、方向、力度等方面的统一,和笔画与笔画之间的相互呼应、笔画的转折以及相同的笔画在不同字体的变化等。如横画的书写中,长横写时向上倾斜5%—10%,要显波折,短横要注意方向变化;竖画的书写中,注意其力度的变化;撇捺画,要注意其弧度的变化;笔画的转折要注意其方圆的变化等。一般而言,细而流利的线条表现的是轻快;粗而重拙的线条表现的是沉重;

方笔线让人敬畏;圆笔线显得丰满充实、高深莫测。所以,从某种意义上说,欣赏汉字的线条美,主要欣赏的是点画之间的呼应和线条的变化以及线条之间的流动美、神韵美,即汉字的曲线美。

2. 字音——动听的音乐

(1)韵律

汉字在使用上一般讲究韵律,利用韵母的相同或者相近来构成和谐的旋律和节奏。例如张继的《枫桥夜泊》"月落乌啼霜满天,江枫渔火对愁眠。姑苏城外寒山寺,夜半钟声到客船。"句句押韵,读起来朗朗上口。

(2)平仄

现代汉语(普通话)有阴平(第一声)、阳平(第二声)、上声(第三声)、去声(第四声)四个声调。古代汉语的四声则是平声、上声、去声、入声。四声分成平仄两大类,平就是平声(阴平、阳平),仄就是上去入三声。这些声调的灵活使用构成了动听而奇特的听觉美感。

(3)谐音

汉字多同音字,这些字联系在一起,不仅读起来朗朗上口,而且构成双关,意蕴深远,耐人寻味。

刘禹锡《竹枝词》:"杨柳青青江水平,闻郎江上唱歌声。东边日出西边雨,道是无晴却有晴。"这种汉字上的同音关系构成了听觉上的审美,使"晴"与"情"呼应,在一语双关中得到审美愉悦。

3. 字义——丰富的历史

汉字不仅是记录汉语的文字符号,更是承载着古代科学知识和文化观念的全息符号,是固化了的信息模块,利用汉字的字义来运载文化信息。

（1）古代社会生活

人类社会的演进,大多是由渔猎而畜牧,由畜牧而稼耕。这些内容在汉字的字义中得到了生动的体现。渔,甲骨文从鱼、从手、从线,意为用鱼竿钓鱼。逐,甲骨文从鹿、从足,意为追逐野兽。虏,从网、从手、从虎,意为用手张网捕虎。攉,字形像手持木棒击鸟。这些文字部分地反映了先祖以渔猎为生的状貌。采,甲骨文像用手摘野果之形,反映了古人以草木之根实为食的原始生活。

（2）古代社会制度

女、育、毓、后等字在甲骨文中都是表生育之意的象形字。姓,从女、从生。人有姓,而姓从母,繁衍后代的母性在当时的地位是至尊的,神农氏以姜为姓,黄帝以姬为姓,少昊氏姓赢,虞舜姓姚,祝融之姓女云,禹之姓姒,都从女,并非偶然现象,而恰恰是母系氏族遗制的体现。

（3）伦理道德

中国文化属于以求善为核心的伦理型文化。这种伦理早在先秦时期就已被确立,尔后日趋显著,统治中国几千年,至今仍根深蒂固。汉字从一个侧面展现出这种独特的文化形态。仁,甲骨文从人、从二,二表多的意思,许慎《说文解字》:"仁,亲也。"段注:"犹言尔我亲密之词。"

它体现了古人建立一种温情脉脉的人际关系的道德理想。所以，从，两人和谐一致是为顺从；两人相向是为背。

重群体轻个体是我国传统伦理道德的又一方面。群，从羊、从君，君声。羊是好群居的动物，孔子曰："君子群而不党。"一般来说，食肉动物多残忍，食草动物多温和，所以群字从羊也体现着深刻的道德内涵，由羊群而人群，再引申到合乎礼仪的群体观念，里面渗透着汉民族的道德标准和审美情趣。[①]

二、汉字教学的现状

汉字是记录汉语的符号，作为表意文字，它与拼音文字有着迥然不同的特点。它所呈现给我们的，除字词的意义外，更多的是我们中华文化独有的魅力。例如：古人依据人体的正面形构造了"大"字；"后"字是一个倒着的孩子在女子的后面，因为母系氏族社会女子地位较高，因此"后"也被称为帝王的妻子。古人在造字之初，常把他们造字的意图以及对世间万物的看法都融入汉字形体之中，这样后人才有可能据形识义，进而发掘、了解被历史尘封已久的文化底蕴。任何一个使用并了解汉字的中国人都对汉字有着深厚的感情。

三、汉字教学中的文化渗透

文化在对外汉语教学中占着非常大的比重，学习一

---

① 王琪. 汉字文化教程[M]. 北京：商务印书馆，2018：48-49.

种语言不仅仅要学习语言本身,还要学习与之相关的文化,我们可以把汉字文化作为切入点来进行对外汉语中的汉字教学。汉语汉字除了作为中国文化的记录工具以外,汉语汉字本身也承载着丰富的文化信息。汉语汉字所承载的文化信息主要是指汉语语音、词汇、语法和汉字形体所承载的文化信息,例如,甲骨文的"王"以其像斧头的构形告诉人们,古代统治者是靠武力统治天下的。汉字教学不能脱离汉字文化语境,应让汉字教学借助汉字文化这一肥沃的土壤,通过丰富的实践活动,以体现浓厚的"文化味"。

汉字作为一种文化要素,它体现出中国文化的基本精神和基本特征。在进行语文教育时,我们不仅要着眼于汉字本身,还要深入挖掘其中的文化内涵,从文化的视角来分析汉字、解释汉字,用丰富生动的文化来激发学生的学习兴趣。

(一)在汉字教学中融入文化故事

在汉字教学中,将汉字本身的文化特征与所学汉字有关的文化故事相结合,不仅能让学生在短时间内掌握汉字,而且便于学生深刻理解汉字的文化意义,加深记忆。

如"家"字为我国最古老的文字之一,《说文解字》:"家,居也。"古时中国以男子耕田为主的农业社会,社会整个生产力低下,农业很重要,同时又必须有饲养业做补充,人们才能够生活得好一些。即使是有钱的人,比较富裕的人,养殖业对于他们来说,也是很重要的。"家"对于家庭的经济影响很大,是家里的重要财富之一。因此,家家户户都会饲养牲畜,特别是猪(逐)。那么,怎样饲养呢?就是养在家里,在古代,养猪成为家庭的一个基本特征。没有养猪的家庭是令人惊讶的。"家"以是否养猪,而不是以是否养羊来标识。

(二)通过汉字的构形及形体发展讲解汉字文化

汉字是因为它所记录的词的意义而构形的,构形时,选择什么对象,采用哪些物件来组合,都要受到造字者和用字者文化环境和文化心理的影响。例如,许多表示颜色的词,在造字时字都用"糸(细丝)"作义符,这就反映了汉民族特有的文化习俗。自古以来,中国因生产丝绸而著称于世,许多事物与丝织业发生关系,其中人们对颜色的认识是与丝织染色的发展密切相关的,因此许多记录颜色的字就用"糸"作义符,如"红""绿""紫""绛"等,汉字形体所反映出的颜色与丝织的关系是其他民族不可能有的文化现象。

汉字是中华文化中极富特色和魅力的一员,在对外汉字教学中加入鲜活生动的汉字文化内容,可以有效促进汉字教学,激发留学生对汉字学习的兴趣,取得更理想的教学效果。作为对外汉语教师,我们有义务将这一宝贵财富向留学生展示,并以科学、有趣的方式教会他们,让他们在学习汉语的同时,也喜爱汉字。

(三)作为语文教学内容的汉字文化教学

1.解读具体汉字中隐藏的汉字文化意涵

每一个汉字都有具体的意义,汉字象形表意的内容通常就是我们的祖先的日常生活和社会活动。文字作为人类文明的产物和标志,让人类从混沌走向清明,每一个汉字背后都隐藏着深厚的文化意涵。一、十、百、千等数字是从小便接触的汉字,也是最简单的汉字,但在实际生活中,数字的使用不仅仅是使用这么简单,它早已经渗透到了人们的生活习惯、思维方式等,在人们的认知运用、语言文字方面有着深刻的民族文化的烙印,数字文化是中国传统文化的重要组成部分,它同样承载着厚重的文化蕴含。这里以数字"一"作为例子加以说明。"一"这个数字看起来再寻常不过。《史记》中说:"数始于一。"

那么,"一"便是一切数字的开始,常用来表示最少的数量。当然,它的意义不仅停留在数字意义的层面,老子在《道德经》中说道:"道生一,一生二,二生三,三生万物。"把"一"与"道"、与天地万物加以联系,将"一"视为世间万物起源的象征。在《淮南子》中也有"一也者,万物之本也"这进一步体现了中国人看待自然的态度,也能粗略窥见中华民族博大的文化。

2.解读具体词语中包含的汉字文化意蕴

中国历史悠久,在历史发展过程中,汉字与汉字组合而成的词语与中华文化形成了最密切的关系。就像申小龙先生说的："一种语言的词义系统蕴含着该民族对世界的系统认识和价值评定,蕴含着该民族的全部和文化和历史。"我们通过对词语词义的分析和理解,进而可以深刻认识到民族的思维方式、社会习俗等。春夏秋冬、风雨雷电作为自然界的自然现象,它们也与人类生活密切相关,因此也富有民族文化的独特内涵。这里以"春""秋"为例,提起"春""秋",人们通常想起春天、秋天这两个季节,进而也能联想到春天的美好、明媚、春光,秋天的丰收、萧瑟等。而除此之外,春、秋却都和悲伤有了联系,"伤春""悲秋"也因此成为中国文学史上的两大主题。仔细想来,有关这两个主题的诗词歌赋等作品确实数量繁多,而这两者与悲伤情感的联想意义饱含了丰富的文化意蕴。在代表耕种的春日和收获的秋季,也是人们欢会的时候,"桃之夭夭,灼灼其华"写女子在春日出嫁;"将子无怒,秋以为期"写的是男女约定秋天成婚。只是在这种短暂的欢乐之后,人们看到草木枯萎,美景流逝,自然而然就会联想到人生命的短暂。春日苦短,"良辰美景奈何天,赏心乐事谁家院"。这种美好也更能触发人的感叹。而秋天时的零落萧瑟则更能引起具有忧患意识的文人的情感认知了,杜甫在《登高》中慨叹"万里悲秋常作客,百年多病独登台"。诗圣的家国之思、之痛在这秋日里显得更为浓郁哀愁。

3.解析具体语句中显现的汉字文化意旨

由字成词,由词成句。句子在我们的生活里随处可见,和人交流需要语句来表达,文字也需要用语句来书写,不管是短句还是长句,单句还是复句,这些都是人们表达自己情感和需求的载体。在现代,人们用白话进行交流,两人见面时随口的一句"你吃饭了吗?"便是最家常的话语,且不论背后是否有什么深刻渊源,至少这是如今人们常见的惯用的交流方式。当然,人们已经不再用文言文作为日常交际使用了,但是有些习俗仍然从千百年前沿用至今,当过年的时候,千家万户都要在自家门上贴春联,来祈求来年好运。古人也如此,"千门万户曈曈日,总把新桃换旧符",从前桃符便是春联了,当然这种在特定节日里贴上的门联都富有寻求祝福的意味。之后产生的对联却也有另一番韵味。对联是汉字语言艺术中的一种形式,非常受人们的喜爱。对联由对偶衍生而来,是诗艺和书艺交融而成的结果,这种形式也只能诞生在中华民族文化的土壤里,它的浓缩性、实用性、趣味性也许只有被中国文化深刻浸染的人才能真真切切体会吧。而对联也有很多种形式,析字联便是其中之一。这种形式利用汉字独特的特点,从汉字本身的字形结构来入手,或拆分或合并,或赞美或嘲讽。因为既能体现出自己的人文修养,又能展现出自己的敏捷才思,所以才会历来被许多的文人墨客喜爱吧。这里举个例子,很多人都知道"唐伯虎点秋香"的故事,才子唐伯虎化身小书童进入丞相府,只为获得美人芳心,恰巧丞相府中有一位绰号"对王之王"的人,他出了这么一个上联:十口心思,思国、思民、思社稷。从这个上联我们可以看出这个人用了将两个字合并为一个字的方法，并且还使用了顶针手法。唐伯虎听后，便立即对出了相应的下联：八目尚赏，赏花、赏月、赏秋香。十口心为思，八目尚为赏，不得不说，对仗十分工整。当然，这是有关唐伯虎的一则笑谈，但是从这个故事里我们却能看到对联背后蕴含的文化信息。

4.剖析整体汉字中展示的汉字文化意趣

正因为汉字是表意的文字，所以汉字才能有跨越时间与空间的优越性，也正是因为这种优越性，所以我们才能在文字产生几千年后的现在，再读懂远古时期的甲骨文等文字；而不同区域、地域的人们，在说着不同方言的同时，却还能读懂别人用汉字写成的作品。也因为汉字是表意体系的文字，汉字才能蕴含着非常丰富又重要的文化信息。有人说，每个汉字都是一幅历史文化图。也就是说，我们在分析每个汉字的时候，就能从汉字从何缘起的造字过程中探寻出政治、经济、社会生活等方面的文化信息。再有，从汉字构形的六种方式看，象形、指事、会意、形声、转注、假借的出现，实际上就反映了我们祖先的思维模式，而象形是如何"画成其物"的，指事是如何"察而见意"的，会意是如何"比类合谊"的，形声是如何"取譬相成"的，转注是如何"同意相受"的，假借是如何"依声托事"的，这些都是能探究出古代人们的思想观念的。当然，我们也知道，汉字形体并非一成不变的，在历史阶段里是经历了一定的变化，比如汉字的由繁到简、同字异体、古今字区别等,这就说明在历史进程中,汉字随着人们思想观念、社会认知、生活习俗等的变化而变化了。再者,汉字不仅是说话表达的工具,还在中国文学的画卷上留下了浓墨重彩的一笔,比如诗、词、曲等我们熟知的文学形式以及上文我们提到的对联等,都是利用发挥了汉字独特的形体特点,因为汉字的独特,和历代文人的不懈努力,才给我们留下了数量繁多又极具审美价值的文学艺术。有人说,汉字是中华文化的核心,而且成为中国精神文明的鲜明旗帜。确实,从宏观上说,汉字系统的稳定性为中华文化延绵数千年立下了功劳。

(四)作为语文教学形式的汉字文化教学

1.渗透在读写教学过程的汉字文化教学

阅读与写作是语文教学中两个重要的组成部分,这两者之间关系密切,相辅相成,不可分割。比如学生能利用阅读来促进写作,阅读时,要结合自己的认知,展开想象,把自己投入书中去,让书里的人和物活起来,并身临其境。在这样有效的阅读下,当学生在写一篇作文或者文章时,就能通过读相关阅读材料来启发自己如何布局整个作文或文章结构,以谋篇布局,再将在阅读中获得的知识、思想化用在自己的写作里,巧妙地表达自己的情感。

当然,教师在阅读教学中,第一,应该去激活学生已有的文化背景信息,然后在教学过程中,可以找出课文中的关键词语或者句子,去充分挖掘其中包含的文化信息,同时还可以借助图片、视频等多媒体形式来展示、阐明这些文字中蕴含的文化信息。在讲解时,不仅要为学生解释词汇的理性含义,还要去结合一定的真实情境去分析词语的文化内涵。第二,教师也应该去帮助学生理解文章写作的篇章结构,以便能让学生学会如何去架构一篇文章,去充分发挥语篇的范文作用,让学生有意识地去进行仿写训练,来做到提升自己的写作能力。当然,学生可以在课余时间,进行有关中国文化主题的写作,从汉字、词义理解、句子表达等方面,去进一步了解中国文化背景。

在课程之外,也应该让学生自己主动去搜索与课堂上所学内容相关的阅读材料,并学会与同学分享、交流,这样学生能一定程度上地补充社会文化背景知识。众所周知,阅读是写作的基础,语言的学习不是一蹴而就的,文化知识的积累也是需要我们通过广泛阅读来实现的。

2. 汉字文化专题教学中的汉字文化教育

汉字文化专题教学也是汉字教学中的重要部分。第一,汉字的数量非常庞大,但是部首的数量其实是一定的,比如"女"部、"玉"部等。所以,我们可以以部首为单位将汉字汇集,以一种专题的形式来进行教学,而且在专题中,我们会不断地重复部首与其相关汉字,所以在这个基础上,这种形式一定程度上能加强学生对汉字的理解和识记。第二,每一个部首其实都包含了许多相关的汉字,那么,在许多汉字中选取较为常见的、与中国文化关系较为密切的汉字来进行教学,或者选择同一个主题,对相关的汉字进行专题教学,这样就可以利用专题教学来加强学生对汉字文化的理解。

作为一种识字课程,文化专题教学可以通过对汉字字形的拆解和分析,让学生更好地理解这种表意体系的文字是如何来表意的,从汉字最初的造字方式、字义理解和汉字的变化发展等方面来认识文字;在学习汉字的同时,又能去探寻汉字背后的文化,可以让学生了解汉字背后蕴含的古代社会的物质文化、制度文化和精神文化。从汉字来入手,透过汉字来窥见古代人的生活习俗、思想观念等。

第二章　高中语文中汉字文化教学概述

"高中语文汉字文化教学",就是以"汉字"教学为特色的、紧紧围绕"汉字"来开展教学活动的高中语文教学的方法和形式。主要是指导学生从理解和鉴赏的高度去重新认识每一个汉字,挖掘汉字背后的文化价值和对传统文化继承的价值,这是对汉字教学的更高层次的要求,这与小学阶段以字音、字形识别记忆及组词能力为目标的语文教学不同。既然汉字是文章的一个最基础的零部件,那么"高中汉字文化教学"就理应成为指导学生研读文本、写作文章最本质也是最核心的教学抓手。笔者所阐述中的"高中语文汉字文化教学"实践主要包括三个方面。

第一,在高中语文阅读教学中,对文本中的某些可能会给学生带来认知障碍的汉字的教学,主要是对这些汉字的读音、字形及基本字义的教学,是对汉字的认知和记忆方面的指导。其中也包括如何运用汉字检索工具甚至是书法方面的内容。

第二,在高中语文阅读教学中,基于能让学生更快速、更准确、更深刻地解读文本这一阅读教学目标而进行的汉字教学。主要是从汉字的起源、发展及演变过程出发，从字形到字义，深层次地了解汉字的文化内涵及外延，从而去多角度、更深刻地理解、鉴赏甚至探究文本所蕴含的思想情感。

第三，在高中语文写作教学中，基于能让学生拥有更开阔的立意思路，挖掘出更深刻的主题，写作更具文化气息，语言表达更富内涵这一写作教学目标而进行的汉字教学。从汉字的起源、发展及演变过程出发，借助汉字的字形及字义，从汉字的内涵及外延来对汉字结构进行合理切分，对汉字意义进行合理想象，对汉字的古今意义加以对照，从而借由汉字所蕴含的传统文化来实现写作的深度立意和独特构思。例如，理解"赡养"一词，可追根溯源，在古汉语中，"养"写为"養"，上面是个"羊"，下面是个"食"；而"赡"除了有"供给财物"之意外，还有"富足""丰富"之意；这样，我们对"赡养"一词不妨作这样的理解：不只是提供物质帮助就行，还要尽可能提供更多的物质帮助；除了提供物质的帮助外，还要提供精神的帮助；不光是让父母衣食无忧就行了，还要让他们精神愉悦，要常回家看看。

第一节　高中语文中实施汉字文化教学的必要性

高中是学生人生观、世界观、价值观形成的重要时期,这时期教师对学生的教育影响是非常深刻的。高中语文在高中各科中占较大一部分,近几年教育部都一再强调增加语文成绩在高考中的比重,降低英语的分数比重,甚至有人主张取消英语,各个学校都比较重视语文的教学工作,这为在学校的传统文化教学创造了有利的条件。再者,高中是学生思维最为灵活的时期,这时期学生接受知识的能力较强,不会像初中、小学那样不系统、不连贯。这时期学生可以系统地接受一项新知识,这就为教师全面教授传统文化提供重要的前提和基础。中国的传统文化贯穿高中语文课本,在高中语文教材中,大多是古诗词的赏析和现代文的阅读鉴赏,大量的蕴含优秀文化的作品都是中国传统文化中的精髓部分,拥有许多发人深思的文章和古诗词,几乎每一篇都蕴含着人生哲理和为人处世的道理。

教师在教课文的时候可以潜移默化地将中国传统文化融入其中,使传统文化的脉络更为明晰,内容更加丰满。在高中课本教材的基础上加入另外的传统文化元素,使课堂内容更加丰富,让学生更多地接受传统文化的熏陶。比如:在学习高中语文第一册的《劝学》《师说》两篇文章时,会明白许多的道理,这都是传统文化的魅力。《劝学》中"青,取之于蓝,而青于蓝;冰,水为之,而寒于水"。通过这句,学生可以明白努力进取的意义,这句古言激励学生努力学习、奋发向上。"登高而招,声非加疾也,而闻者彰。假舆马者,非利足也,而致千里。"这句古言让学生明白了善于借助外物,善于利用身边一切有用的东西来达到成功的目的。《师说》中"是故弟子不必不如师,师不必贤于弟子,闻道有先后,术业有专攻,如是而已"这句,让学生明白要敢于质疑,敢于突破自己,老师也不一定比学生厉害,只是每个人所学的方面不同罢了,太多的古言、文章教给了学生人生道理、学习方法及处世能力。这些都是传统文化所带来的,传统文化开发了学生的智力,培养了学生的品质,提高了教师的教育水平,所以,在高中阶段的语文教育融入传统文化是很有必要的,具有不可替代的作用。

一、语文教学中汉字的必要性

不难发现,网络时代,学生写字的机会少了,学生写的字龙飞凤舞的多了。外语热时代,学生英语水平逐步提高,但是对汉字的原意、成语典故的出处知之甚微,学文言文时直呼头疼。这说明我们的汉字教学在教学实践中日趋薄弱。随着经济的飞速发展,电脑在我们的生活中越来越普及了,于是很多人越来越依赖电脑。不可否认电脑对文档的编辑方便而快捷,但我们也不难发现,学生包括教师写汉字的机会越来越少,汉字的书写水平不升反降。

学生在升初一时汉字的书写较为工整,少数学生还能兼顾到字体结构的美观,尽管略显生涩,但相对而言较为规范。升入初中后,语文教学中,教师通常认为阅读和写作是培养学生思维能力的重要手段,而忽视汉字教学,对于生字、生词的要求仅停留在会辨认、会做选择题的功利层面上。这种倾向直接导致了学生对汉字书写的忽视，汉字书写逐渐潦草、不清晰，在楷书没练扎实的情况下，连笔造成学生的书写"龙飞凤舞"，个别学生写的字成了看不懂的"天书"。相对于学生周末蜂拥去学英语的盛况，对于汉字的原意学习和了解反成了无人问津的区域，所以，学生常写错别字，对成语典故茫然无知，读文言文还不如读英语流利。我们的祖先创造了灿烂的文化，如今却呈现出这种局面，实在令人痛心。

汉字是由象形文字演变而来的书写符号，是世界上使用时间最长、发展未曾中断过的文字，是中华历史与文化的传承载体，也是后人研究古代社会文化、风俗的最直观依据。然而，汉字的历史悠久，在漫长的过程中汉字也在不断地发展演变。例如，古代大多是单音节词，现代则更多地使用双音节、多音节词，词的含义也发生了扩大、缩小甚至转移的情况。因此，现代汉语和古汉语之间是有一定距离的，只有我们了解了汉字的原意才能真正了解古代中国的生活和文化，才能更深刻地了解中国的历史和文明。否则，对于祖先留给我们的博大精深的文化，我们就会产生误读之类的遗憾。

中国五千年的文明及丰富的文字记载都已为世人所认可，在这一博大精深的历史长河中，中国的书法艺术以其独特的艺术形式和艺术语言再现了这一历史性的嬗变过程。中国的书法被誉为"有情的图画，无声的音乐"。

　　汉字的一笔一画、一点一顿间,皆蕴含了无尽的美。作为"语文"教师,我们要教授的不仅有"语言"还有"文字",不仅要求学生能认识文字,还要求学生能欣赏文字之美,学会美观地书写我们的汉字。要做到这一点,我们的语文课堂中,写字教学是必不可少的环节。教会学生正确、美观地书写汉字也是语文课的一项重要的教学目标,是提高审美能力、增进学识修养、培养爱国情操、提高民族素质的有效途径。

　　我们认识到汉字教学的必要性之后,在教学活动中应该如何有效地实施呢?笔者认为可以从以下几个方面去落实。

　　(一)督促习惯的养成

　　语文的学习重在积累,平时遇到不认识的字、不懂的词,鼓励学生刨根问底,记录积累。在文言文学习中更应该重视词语积累,可以鼓励有兴趣的同学平时阅读《说文解字》,了解汉字含义。学习书法是一个漫长的过程,良好的书写习惯是必不可少的。第一,要强调书写的姿势,这是写好字的基础,有助于学生全神贯注书写。教师一定要不断强调姿势的重要性。第二,写字讲求"意在笔先",落笔之前一定要先了解字的意义,分析字的结构,一点一横、一撇一捺如何安放要先思虑好,胸有成竹方能游刃有余。这一点对于急于求成的学生更要经常提醒。另外,书法练习贵在坚持,教师要经常督促检查,防止学生一曝十寒。

（二）适当的艺术熏陶

写字是一项稍显枯燥的活动，为了不使学生心生倦怠，教师还要让学生提高对书法的认识，不要为练字而练字，让学生意识到练字是对美的一种追求，是对意志的一种磨炼，是对自己内心世界的一种陶冶。

教师可以让学生搜集书法名家练字过程中的小故事、小典故，了解名家盛名背后的付出，了解他们的人格魅力。教师还可以带领学生利用多媒体资源共享的优势，欣赏名家名作，探讨汉字之美。还可以加入时代元素，去找寻广告、商标、建筑、时装等领域出现的艺术性汉字，让学生领悟到书法也是与时俱进的。

（三）必要的竞赛奖励

竞赛与奖励这些我们常用的教学手段，也可以运用到汉字教学方面，这对学生是一种积极的鞭策。我们可以开展"说文解字"比赛，让学生深入认识汉字的原意，加深对传统文化的积累，这也有利于我们的文言文教学。通过对对联活动，让学生在实践中掌握对偶修辞，了解词语的词性。通过成语故事比赛，让学生了解成语出处，学会正确灵活应用。通过软硬笔书法比赛，督促学生写好汉字，这也是对我们传统文化的一种传承与发展。

文字是一个民族从蒙昧走向文明的重要标志。

汉字中沉淀着几千年民族文化，是中华文明绵延几千年的力量源泉，是华夏民族凝聚的聚焦点。汉字的功能已远远超出了符号，外延出更多属于文化、属于民族的内涵。因此,就个体而言,深入了解汉字,规范书写汉字,对提高学生审美情趣、展示才情、改善人际关系、培养爱国精神、增强民族自豪感都有十分重要的作用,尤其对提高中学生的语文素养起着更为关键的作用。语文教师应该清醒地认识到语文教学中,汉字教学是必不可少的组成部分,在教学目标中占有举足轻重的地位。

汉字犹如一座巨大的宝藏,包含着祖先的智慧,蕴藏着巨大的能量。对这座宝藏的挖掘需要语文教师共同努力,唤醒汉字沉睡的灵魂,让汉字的魅力点燃学生语文学习的兴趣与智慧,夯实学生语文学习的根基,从而全面提高学生的语文素养。①

二、从识字解字视角引导高中生深度分析字理是必须的

我们都知道,汉字学习是语文的基础,2011年颁布的语文课程标准中规定,学生要学会汉语拼音,认识3500个左右的常用汉字,能够正确并且工整地书写汉字,在正确书写汉字的同时,保持一定的书写速度,能将自己的意思表达得具体、明确、通顺,并能进行写作来表达自己的情感和思想。在这种要求下,学生有必要掌握3500个常用汉字。所以,在识字教学中,教师应该激发起学生学习汉字的兴趣,让他们对学习汉字有热情、有激情,这样才能达到事半功倍的效果。教师还要有意识地去引导学生

①张雅琪.高中语文教学中的汉字文化教育问题研究[D].长沙:湖南师范大学,2020:16.

去了解汉字形体的构成、汉字的造字方式,从解字的角度去认识、识记汉字。前文我们提到,汉字的造字是有"造字理据"的,也就是所谓的造字意图,汉字是表意性的文字,在最初阶段是来源于结绳记事、图画等形式,但是不管是哪一种方式,都是记录了先民们生活方式或相关事件的,这些记录都是人类早期活动的一种缩影,能够让我们从中窥探到远古时期社会文化的一隅。所以,从汉字的形体入手,探究形体构造中含有的古人的心理认知活动,并以此来得知先人造字时的真正动机和意图,这也能让我们与古代文化更近一步。

因此,若是学生在老师教学指导下,去深入分析字理,并且能将这种方式运用到实际阅读或者写作中去,这样才能正确地使用汉字,更好地运用汉字,也能从分析汉字中体会博大精深的中华文化。

三、从鉴字、品字视角引导高中生欣赏遣词造句是必然的

学习语文,不仅仅应该是为学而学,也不仅是把它作为一种工具,语文的学习应该是一种诗意的学习,文学作品的鉴赏应该是审美的鉴赏。教材中选取许多经典文化作品的原因,实际上就是为了培养学生的审美能力和文学鉴赏能力,如《荷塘月色》《故都的秋》等名篇。学生在对文章整体感悟的基础上,对文章中的妙言金句进行赏析,对优美句子中的用字进行赏析,从能力提升上来看,赏析句子能让学生的文学鉴赏能力提高,通过多阅读经

典作品,赏析文学作品,在日积月累下,还能提高学生的写作能力;从考试应用上来看,在平时的教学中引导学生去进行文学鉴赏,对语言文字加以品评,那么在考试中应对相关题型时也能得心应手,不会无从下笔了。所以,从这两个角度看,带领学生进行文学鉴赏也是非常有必要的。

虽然说语文学科具有"工具性"和"人文性",并且语文教学都在尽量做到"工具性"和"人文性"的统一,但是实际上,所谓"应试教育"不会这么快就被素质教育替代,必定有一个循序渐进的过程,而现在高中的语文课堂中的传统教学理念还是普遍的现象,一篇文章,一首诗歌,可能在课堂上就会被大部分语文老师逐字逐句一一分析,强调了语文学习的实用性,却忽视了人文素养的培养。语文阅读教学中,课文不应该被冰冷地分解、分析,语文教学中具有的语言美、节奏美、音韵美等美的艺术应该被发掘,也应该由教师传递给学生。

四、从用字、炼字视角引导高中生提升用语效果是必要的

在高中阶段,语文教学不应该只停留在让学生"死记硬背"的阶段,在正确理解课文、诗歌等当中的词语和句子意义的基础上,要学会对词语、句子进行美的鉴赏,例如诗歌中对诗眼的赏析,课文的文眼的赏析,从重要字的赏析中体会文章或者诗歌中拥有的独特的意趣,去进行一种审美的体验。自古以来,人们对于语言中的用字就颇为讲究,卢延让"吟安一个字,拈断数茎须",贾岛"两句三年得,一吟泪双流",杜甫"为人性僻耽佳句,语不惊人死不休"都是很好的说明。王安石在《泊船瓜洲》中脍炙人口的一句"春风又绿江南岸,明月何时照我还",一个"绿"字,写活了江南的勃勃生机,然而这句诗原本也不是作"绿"字的,据说,王安石这句诗最开始写作"到"字,后觉不满意,又改为"过""入""满"等字,最终才定为"绿"字,这也就证明作者为达到诗歌艺术境界的完美而在用字炼字方面做出的努力。而朱光潜先生也提出要有"咬文嚼字"的精神。从笔者三年的高中教学经验来看,大部分学生在赏析诗歌这一方面都不太擅长,整张试卷中,诗歌鉴赏类型的题目得分率也都不太高。在这样的形势下,增强学生对字词语句的鉴赏能力迫在眉睫,同时,这种鉴赏能力的提高,还能潜移默化地提高学生的人文素养,进而提升学生写作的水平。所以,在语文教学中,加强学生们对字词、语句、语篇的欣赏能力是非常必要的。

第二节　高中语文中实施汉字文化教学的可能性

　　汉字形成的契机源于人类对表达的渴望,从口头表达到书面表达的需要。语文教材编写者依据各个阶段学生特点挑拣出一些难易程度适合的文章汇编成语文教材,继续使其沿承。可以说语文文本教学的基础是文字教学,高中学生由最初对文字的识记、积累过渡到对文字功能、形态演变规律,所蕴含的文化内涵的理解和认识,这不能不说与汉字文化教学密切相关。实现高中语文汉字文化的有效教学需要教师以激发学生对汉字学习的兴趣为前提,结合文本认识了解汉字的功能、形态演变规律、内涵,并在此基础上让学生学会运用。

一、诠释高中课文中的生字新词为实施汉字文化教育提供了可能

尽管在高中阶段,高中生的语言文字知识已经有了基本的积累,但是,从现在的教育现状来看,对学生的识字教育并不是非常完善。在小学初中阶段,教师在进行汉字教学时,大部分只是教给学生如何识记汉字以及如何正确使用汉字组词造句,但是并未对汉字本身结构或者构形做出过多的解释,对于汉字是如何出现的,又是如何构造的,似乎都未有过多提及。所以,对于汉字,大部分学生是"知其然",而"不知其所以然",更不要说对"六书"等理论的了解和解读了。在这种情况下,就让我们在语文教学中具体阐释汉字变得更有必要。

这里举个例子,《赤壁赋》中"侣鱼虾而友麋鹿"的"麋"字。古人对虫鱼鸟兽的观察还是十分细致入微的,"麋"字在甲骨文中写作"𪊽",突出的是它的眼睛上有眉毛的样子。"麋"是鹿属中体型较大的一种,角宽大,有分叉,那为什么在造字的时候不着重突出它的宽大的角,反而去突出眼睛上的眉毛呢?原来在经过仔细观察后,古

人发现麋不同于鹿的地方是麋的眼睛上有像人的眉毛一样的黑线,因此才会如此造字来突出特点。

所以,教师在教学过程中对高中课文中的生字新词做出应有的诠释,让学生对汉字、词语等有一个更好的认知和理解,也为让学生在识字过程中解读汉字文化提供了可能。①

二、赏析高中课文中的妙言金句为实施汉字文化教育提供了条件

语言是表达情感的方式,是显现思想的载体。情感有热烈的、哀伤的,思想有激荡的、平和的,但是不管怎样,都会在不同作者的笔下,通过文字来展示给人。一篇文章若能让人赏心悦目,那么语言文字上的功夫必然不浅。比如《再别康桥》的美,我们知道现代诗歌中有音乐美、绘画美、建筑美,这首诗歌的节奏、音韵都具有美感,叠词"轻轻地""悄悄地"使诗歌读起来朗朗上口,但是在诗歌中,读者能直接感受到的是景物之美。"西天的云彩""岸上的金柳""榆荫下的一潭""青荇"……一眼看过,就能沉浸在徐志摩营造的美景氛围中去了。更何况,作者还善于使用比喻和比拟手法,以物拟人,更添生动,情与景的交融让人仿佛也身处那个满布金色的黄昏,那个星辉斑斓的夜晚。正是有这样精妙的语言,才能将文字转化为有形可感的画面和意境。

①王瑞烽,邢红兵,彭志平.汉语进修教育理论与实践[M].北京:中国书籍出版社,2016:39.

而说起语言的美,可能就不得不谈到朱自清的《荷塘月色》,"层层的叶子中间,零星的点缀着一些白花,有袅娜的开着的,有羞涩的打着朵的,像一粒粒的明珠,又像碧天里的星星,又如刚出浴的美人。微风过处,送来缕缕清香,仿佛远处高楼上渺茫的歌声似的"。作者用"羞涩"一词生动写出荷花含苞待放的羞怯感。同时用了多个比喻,"一线串珠"将白花比作"一粒粒明珠",比作"碧天里的星星",比作"刚出浴的美人",像明珠一样洁白,像星星一样繁多,像刚出浴的美人一样朦胧纤弱,读着文章,文字在纸上,那柔弱洁白的荷花却要呼之欲出了,这就是文字的魅力。读之仿佛身临其境,令人心旷神怡,这样的描写确实会让人不由得产生一种对自然的亲切感,正是这样动人的文字和语言,才会引起读者的共鸣,让读者进入作者打造的世界。

三、修饰高中作文中的粗词淡语为实施汉字文化教育提供了需要

在高中阶段,作文是高考中占分比重较大的一个部分,总共150的分值占去了60分,所以,让学生们写好作文确实是非常有必要的。但是在高中课堂中,作文教学实际上也是一个难点。

以笔者的教学经验看,多数的高中生都不喜欢写作文,并且当老师提起写作文时便会有压力,还有少部分同学总是不能按时完成作文,最后总是匆匆忙忙地"挤牙膏",为了完成任务而凑够800字数。在平时的作文习作

中,都会出现许多问题,例如句子出现语病、乱用词汇、修辞使用不恰当、逻辑混乱等。

当作文的"量"完成后,"质"又成为问题,写作本身是对内心情感的真实表达,但是一般高中生在写作文时,大部分并不懂得如何在文章里表达自己的真情实感。怎么才能让学生在完成写作任务的基础上,又能让他们在作文中注重情感的表达呢? 文章不应再是格式化的、固定式的应试文章。上文我们提到,阅读与写作之间具有相辅相成的关系,阅读能够在一定程度上提高写作能力,所以在教学过程中,教师要注重读写教学相结合。同时,如果说一篇文章是一所房子,那么文章中的词语和句子就是这所房子的一砖一瓦,"九层之台,起于累土",如果基础没有打好,又何来坚固的建筑呢? 所以,作文中词语和句子的使用绝对不可以小觑,要让普通的文字灵动起来,让干瘪的内容丰满起来,对词语和句子的修饰就显得尤为重要。

四、落实高中汉字文化专题教学为实施汉字文化教育提供了土壤

正是因为在识字最初阶段并未对汉字及其相关文化方面进行详细分析讲解,所以在高中阶段落实汉字文化专题教学就显得十分必要。

教师在汉字文化专题教学中,对汉字进行阐释时,侧重点可以在汉字本身的形体构造以及汉字的字义,并通过分析汉字的结构和意义来展示汉字中的文化内涵,或

是对汉字的源流进行简单的讲解和展示,让学生充分了解汉字的演变形态,在讲解过程中利用多媒体等工具,来让学生有更加直观的感受,同时,图片、视频等的形式也能让学生有更大的兴趣,从而也能推进课堂的有效学习。从长远来看,对汉字学习的兴趣增加,也能增长对民族文化的认同。当然,学生要有明确的意识,就是要在学习的过程中把握好汉字的形体构造,从而掌握汉字中蕴含的文化意义。

一言以蔽之,就是只有把汉字本身的构造以及汉字背后的文化意义掌握好,才能算是对汉字的本质有真正的理解。学习好汉字,能加强学生的书写、语言运用,这样的知识增长,才算得上是真正有用。而把握了本质,也能为以后的汉字文化的相关教学打好一定的基础。

第三节　高中语文中实施汉字文化教学的可行性

一、在高中语文教学中实施汉字文化教育的理论依据

(一)训诂学原理是阐释生字新词的理论依据

所谓训诂,简单地说,就是释义。"训",许慎《说文解字》对其的定义是:"训,说教也。从言,川声。"结合段玉裁注解来看,"训"的意思为"解释疏通"。

"诂"，在《说文解字》中为："诂，训故言也。从言，古声。"对此，唐代孔颖达解释"诂"是给别人把古代语言疏通，也就是说，"诂"的含义是"解释古言"。"训""诂"二字即为"解释"的意思。即把难懂的话解释成简单的话，把古语解释成现代语。

而字词作为最小的语言运用单位，是学生应该掌握的最基础的内容，也是跨越语文教学中某些重难点的首要障碍，学生在学习过程中，只有真正理解了字、词的真实意义，才能去读懂文本。当文本中出现难以理解的字词时，便可以从训诂的角度对其进行分析。

训诂主要是解字释词和辨析古书文例，"训诂之事"在解明字义和词义，解字释词是训诂的核心，它的目的就是通过对字词的解释，疏通古诗文的文义；古书文例是指古人在行文中的比较特殊的语言现象，也就是古人在文章中的一些固定且特殊的表达方式，比如互文、变文等。因为这种语言现象不能用现代语言的规律来进行解释，所以对古文中字词如何解释则涉及了训诂方法的问题。训诂方法一般分为因声求义、以形辨义、直陈语义三种，以汉字的字音、字形等方式来解释古文中的字词。因为在高中课文中，字词的注释比较散乱，不成系统，所以在古诗文教学中，以训诂学作为理论基础是非常有必要的。

因此，在语文教学中，若是合理、恰当地去使用训诂学的相关知识，就能让语文教学达到事半功倍的效果。

引入训诂学原理,我们可以寻根探源,修正释义,改变学生"知其然,不知其所以然"的困境局面,而让学生不仅知其然,还知其所以然,提高学生的阅读和学习能力;同时,训诂学内容又能丰富课堂的教学内容,唤起学生的学习热情。

（二）修辞学原理是评价妙言金句的理论依据

《高考大纲》中"语言知识和语言表达"有要求学生"正确运用常见的修辞手法"以及"句子的选用、仿写、变换句式",在阅读中也要"鉴赏文学作品的形象、语言和表达技巧",这些都属于修辞知识的范畴。而在修辞教学中,最常见的是修辞的使用。修辞是被我们熟知的词语,也是使用较多的手法,从《易经》中有"修辞立其诚",此后"修辞"便是连用的一个词了。陈望道在《修辞学发凡》中说"修辞原是传情达意的手段。主要为着意和情,修辞不过是调整语辞使达意传情能够适切的一种努力"。所以,修辞就是为了在一定语境下,提升语言表达效果的一种方法,这也符合考纲中对于"语言表达"的要求。

而修辞学与语文教学有着强有力的对应关系,比如在阅读教学中,应该要着重在让学生通过修辞规律来更有效地接触、接受言语作品,同时要通过有效的阅读教学过程,将修辞技巧应用到实际中去。对于高中课本中的文学作品的阅读教学,实际上是建立在言语分析的基础上的,在不同的语境下,利用修辞学的相关知识来解读出作品中的言语形式,再从言语形式中体会出作者的思想情感,体会语句中的审美倾向。高中生修辞能力的培养,离不开阅读能力的训练,阅读训练就离不开对课文的阅读赏析,语文课堂上的阅读教学实际上就是让学生学习如何更好地去使用语言文字,因此,高中教材中的语文课文就是教师给学生传授相关语言文字知识、提升学生语言文字运用能力、培养学生语感和审美情趣的主要方式。教材中入选的课文大多是经典名篇,是作者们创造性修辞活动的完美艺术品。所以学生在阅读过程中,要学会不断地积累相关的修辞知识,阅读经典,提高语言鉴赏的能力,学习文章中的修辞写作技巧,感受语言的美。

有人说,要达到语言的真正美,在大多数情况下,使用的可能就是普通的一些词语和句子,但是这些词句会在具有表现力的语言的上下文中,获得一种审美的倾向,那么从修辞的角度充分挖掘和阐释语言美,也许会是提高学生审美情趣和鉴赏能力的一个好的方法。

(三)语用学原理是修饰粗词淡语的理论依据

虽然很多学者对于"语用学"概念的阐述有不同的侧重点,但是一般来说,有一点是具有共同性的,即它是研究特定语境下说话人的话语意义。综合来看,语用学研究的是对语言的使用与理解,是通过研究在特定语境中的特定话语,来揭示这些话语背后所隐藏的真正意义。

语文课程是一门学习语言文字运用的课程,语言文字在语文学习中的重要性不言而喻,所以教师要对"语言文字"的教学有一定的重视,在教学中着重培养学生对祖国语言文字的热爱,切实提高学生语言文字运用的能力。值得注意的是,在语文教学中,教学的目的并不是学生积累知识的多少,而是要让学生把自己学到的已有知识化用到实际中去,要能够进行口语交际,能够进行相应的书面语写作。

写作就是语言建构、语言积累、语言应用的过程。所谓语言建构,是在简单字词的基础上,根据自己表达的需要,形成有规律的建构模式。另外,在语言积累的过程中逐渐形成个人的语言风格。

同样的,语境是语用学中的一个重要概念,其对语言运用是有选择性和限制性的,表达内容和方式、语言风格都应该和特定语境相符合。同时,语境在写作教学中的作用也同样不容忽视。有些学生在学习了一些名家作品,或是阅读了一些美文美诗之后,就直接把文章中的词语或者句子生搬硬套到自己的作文里,全然不管他人文章里的语境与自己作文里的语境是否相同,只管怎么完成写作任务或是在作文里生搬硬造。如果把考场作文看作是一种交际的语境,那么考生在规定时间内写出的作文就是在特定语境下的一种语言表达。与一般的语言交际不同的是,交际双方不是面对面的,改作文的老师就是倾听者,写作文的学生就是表达者,二者互不相见,但是一个表达了自己的意图,一个看到了意图的呈现,也达到了交流的目的。因此,当学生明确了语境意识,他们自然便能理解考场作文对语言的使用是有一定的限制的，比如有些流行用语、网络用语就不适合出现在考场作文中，同时也会了解到场合不同，语言表达的风格也要不同。所以，培养学生建立语用的意识，对于写作而言，能让学生在作文中表达得合适得体，写出自己的"味道"，避免内容空洞无味；而在不同场合、不同的人面前，也应有不同的语言表达，不同的人说不同的话，到什么山上唱什么歌，语境意识的提高，让学生懂得更多言外之意的同时，也能帮助学生提高面对不同人群、身处不同场合、企图达到某种目的而采取不同的表达方式的能力。

同时，让学生学会如何运用语言文字来表达自己的真实情感，也是语文写作教学中重要的内容和步骤。将语用学理论与语文教学实践相结合，也是有一定意义的。我们读一段文字，或是一篇文章，不仅要理解语言本身的意义，还要去注重了解语言的运用，对语言文字阅读钻研，那么阅读能力也能提高了。阅读与写作两者又是相辅相成的，所以，当阅读理解能力有所提高时，写作能力也是能在日积月累中"水涨船高"的。

有人说，提高学生的语言文字运用能力以及提升学生的语言文字素养应该作为语文教育的目标。因此，从语用学的角度看，教师对学生语言文字运用能力的培养的重视，希望能对高中学生中作文表意不明、语言过于平实、不能表达自己的真实情感的现状有所缓解。

（四）教育学原理是操作汉字文化专题教学的理论依据

汉字文化专题在语文教学中的作用不容忽视，在上文中我们提到，在汉字文化专题教学中，教师在分析形体、汉字字义时，要有意识地引导学生去感受汉字中蕴含的文化。为什么要有这个汉字文化专题教学呢？在教育学中，教育是人类社会珍贵知识文化资源传承的活动。而教育强调的是"以人为本"，它是人的教育，在教育的过程中，人的发展与完善始终是目的。从教育价值的角度来看，在实质上来说，教育是要让受教育者实现并提高自身价值，使得其身心素质发展完善，因此，在这种教育价值取向的指导下，我们要从多方面进行引导，让学生从优秀传统文化中不断扩充自己的知识面，不断提高自己的文化修养，最终来完善自我。从教育目标上来看，我们现在大力提倡素质教育，素质教育以全面提高学生素质为目的，汉字文化作为中华优秀传统文化的一部分，理应受到重视，汉字文化的学习对提高高中生人文素质有着不可忽视的作用。从教育内容来说，独具特色的语言文字是中华民族优秀的文化内容之一，实施汉字文化专题教学，不仅能够充实对汉字基本知识的理解，更能从其中感受汉字文化的独特魅力，唤醒学生对优秀民族文化的热爱。从教育方法来看，教育方法是培养人才的手段，对于汉字文化专题教学，教师不能要求学生死板地记忆或者背诵，在教学过程中，要注意启发引导，启发学生的思维，引导学生思考，让学生更多地参与课堂，融入课堂，这能让教学更加有效。

同时，从教育的基本矛盾来看，即人类个体生命的有限性与社会知识文化资源的无限性之间的矛盾来看，教育传承的是人类优秀珍贵的知识文化资源，所以怎么从众多的文化资源里筛选出有用的、能够加以传承的知识文化资源，需要我们去仔细整合和选择，所以，在繁多杂糅的汉字文化中，去做好汉字文化专题设计便成了必要。同时，筛选出文化信息后，教师要选择恰当合适的教学方法，要让学生在付出最小的情况下获得最有效的学习效果，能够有最大的收获。当然，除此之外，还有对学生学习方法的指导与学生学习兴趣的激发也尤为重要，如果学生没有兴趣学习，那么，教师得当的教学方法、幽默的课堂以及好的教学设计就相当于"对牛弹琴"。①

二、在高中语文教学中实施汉字文化教育的实践前提

语文学科具有"人文性"和"工具性"，本应是二者之间的统一，但是实际上，多数情况下我们只注重了"工具性"，教师在教学过程中，受到高考等考试的影响，只是讲解字词意义、句子、语法等直指高考的知识，而忽视了我们所讲的"核心素养"的培养。教师在教学过程中，迫于学习的大环境，或者说在高考等考试的压力下，自然就忽

①和建芳.浅谈高中语文教育中汉字文化的渗透[J].魅力中国，2020(02):136.

视了学生们人文精神的培育,因此对于汉字文化,自然更不可能在课堂上进行传授和延伸拓展。同时,不仅是教师,就学生角度而言,学生自己也对学习语文不感兴趣。以笔者教学实践经验来看,多数高中生对学习语文保持着"可有可无"的态度,在私底下,笔者也曾与学生有过交流,他们大多反映"语文学了没什么用""学习语文的时间还不如用来做理化生卷子"等,并且,除了个别非常喜欢语文科目的学生有在完成布置好的作业后,再去进行阅读、做题之外,多数学生在课后从未自己主动进行学习,更不用说进行阅读或者写作。面对这些情况,教师也应该有所行动,不能无动于衷,如何在语文教学里融入汉字文化的传递,如何在教学过程中引起学生学习的兴趣和激情,又如何在有限的时间里让学生有最大的收获,以及如何将课堂中的知识转化到学生的阅读和写作中去,并内化为学生自己的阅读能力和写作能力,这些都是值得深思和探究的问题。

总之,我们都应该知道,汉字以它独特的美传达中华民族的智慧和思想光辉,博大精深的优秀中华文化,意蕴万千的汉字文化,需要被我们传承并发扬。

第三章 高中语文汉字文化教学的路径与方法

第一节 高中语文汉字文化教学的路径

汉字形成的契机源于人类对表达的渴望,从口头表达到书面表达的需要。语文教材编写者依据各个阶段学生特点挑拣出一些难易程度适合的文章汇编成语文教材,继续使其沿承。可以说语文文本教学的基础是文字教学,高中学生由最初对文字的识记、积累,过渡到对文字功能、形态演变规律、所蕴含的文化内涵的理解和认识,这不能不说与汉字文化教学密切相关。实现高中语文汉字文化的有效教学需要教师以激发学生对汉字学习的兴趣为前提,结合文本认识了解汉字的功能、形态演变规律、内涵,并在此基础上让学生学会运用。

一、紧扣高中课文中的生字新词,体会汉字文化意蕴

到了高中阶段,高中生已经有了一定的语文基础知

识和文化素养,所以并不同于小学阶段的识字教学。教学时,要基于学生的具体学情来制定教学目标和计划。高中生有一定的知识储备,在初中阶段也对古诗文有一定的学习,但是,用训诂学知识对古诗文的文本进行解读也是非常有必要的,特别是文言文教学,很多学生认为文言文篇幅太长,而且从内容上来讲,许多内容显得枯燥无味,所以教师如果从字理角度探究汉字,一定程度上会激发学生们的学习热情,这样课堂教学效果也会事半功倍,同时还有助于学生深入理解汉字字义,探析汉字文化意蕴。

在文言文教学中,最基本的目标就是对文言文中字词句的把握,所以对文言文中的18个虚词、若干实词和常用句式的归纳整理,就是要求学生能够从根本上落实文言文字词句。同时,若遵循"以意逆志"的方法来解读课文,能让学生更好地传承中华民族优秀的文化遗产。文言文由古代流传至今,文章中很多字词的意义已经有了很大的变化,如果不从字理角度进行分析,很多学生可能不能理解课文后的注释或者句子的意思,所以,高中语文教师要帮助学生掌握阅读文言文的科学方法,引导学生善于使用训诂学相关知识和方法,通过科学的方法和正确的引导来落实文言文的教学。

训诂学知识和方法的运用有助于我们去读懂文言文。高中语文教材必修一中第二单元课文《烛之武退秦师》是一篇重要课文,也是高中生迈入高中以后学习的第一篇高中文言文,因此,教师在教学中的启发和引导就显得尤为重要,要对课文中的重点字词做出分析,来让学生更好地解读文本。比如课文中,最后一段里的"以乱易整,不武",课文后注释为"用混乱相攻取代联合一致,这是不符合武德的。易,替代武,指使用武力时所应遵守的道义准则。不武,不符合武德"。这其中"易"字的"替代"为常见用法,学生在初中已经有过接触。那么在注释中,"武"字为什么翻译为"使用武力时所应遵守的道义准则"而不是"威武"或者"勇武"呢?把它放入句中去看,"以混乱相攻取代联合一致,不勇武",乍看之下,好像没有问题,但是实际上,想一想"勇武"的使用语境就能明白,此处这么翻译是完全不通的。《说文解字》中,"武"义为"武,楚庄王曰:夫武,定功戢兵。故止戈为武"。意思为确定功绩,停止战争。所以为"止""戈",那又是如何理解为课文中的释义呢?《说文解字》中对楚庄王的话语有所省略,其实我们应该结合《左传》来看,楚庄王说的是"夫文,止戈为武。……夫武,禁暴、戢兵、保大、定功、安民、和众、丰财者……武有七德,我无一焉,何以示子孙?"。这里就阐明了"武"的七德,即为禁暴、戢兵、保大、定功、安民、和众、丰财七种使用武力应遵守的道义准则。因此,课文中对"武"字才有这样的解释,但是课文中只是简单提及,并未对"武德"有所阐释,这就需要教师在课堂教学中,运用训诂学的知识,对字义来源做出具体解释,让学生在学好汉字的同时,也能体会到学习的快乐。同时,融入汉字相关知识的讲解,也能让学生在学习汉字意义之余体会到汉字文化的奥妙之处。①

二、抓住高中课文中的妙言金句,体验汉字文化情趣

兴趣是学生追随知识行进的动力,是挖掘学生主动学习意识最好的老师,要实现汉字文化教学的有效性,必须以激发学生对汉字文化的兴趣为前提。这需要教师以一种活泼的传输方式将汉字作为具有张力及魅力的艺术传达给学生,激发学生兴趣,吸引学生热情地投入学习。那么,教师如何实现汉字文化活泼的传播呢? 这需要教师挖掘汉字形态演变过程、文化内涵底蕴及功能中所渗透着的美感,并借助多媒体影音同步的效果将这种美感展现在学生面前,感染学生、教化学生,让学生轻松地在汉字欣赏中形成对汉字的理解、认识,这较之那种耳提面命似的知识教授收到的效果会更好。

教材的语言一般是较为规范的,所以,通过教材来开展有关修辞的教学是最好不过的。高中教材中选取的文章大多是经典作品,是经过作者精雕细琢出来的完美结晶,那么,在高考大纲中要学生能初步进行文学鉴赏的要求下,对课文的鉴赏分析也就变得必要起来,高中语文中文学作品的教学就不再是理解段落大意、概括归纳主旨那么浅显了,而是要对文本进行美的鉴赏,培养学生对文

①于照洲.汉字知识与汉字教学[M].北京:北京语言大学出版社,2017:83.

学作品的审美、领悟能力,同时更为重要的是,要在学习鉴赏的过程中,培养学生的实际运用能力,也就是将鉴赏文学作品的方法正确地运用到自己的阅读中去,通过对文学作品的理解与评价,提高学生的阅读能力。那么如何对一篇文章进行文学鉴赏呢?我们主要是鉴赏课文的"外在美"和"内在美",所谓"外在美"是指课文中语言的简明生动,章句有序错落的结构,句子中使用的得体的修辞,也就是作品的外在形式美;所谓"内在美"就是指作品内容的呈现,作品中各部分人与事发展的内在逻辑,以及作品中蕴含的作者的思想感情。语言形式是随着思想情感的转变而变化的,二者无法脱离分割。而任何一部文学作品都是含有作者独特的思想感情或是理性思考的,这种独特的情感和理性思考就是通过形式多样的艺术语言来呈现的。所以,只有通过语言的理解赏析来体会作者的情感,将自己融入作品中去,才能真正地感受到作品的意蕴,所谓"观文者披文以入情"正是这个道理。

随着古代汉字简化变成简体字,那种因字形探字义的时代已经一去不复返。学生缺乏对汉字原始形态的理解,汉字文化的瑰丽色彩被淡化,教师越来越多的是割裂汉字的古今形态差异,只是让学生从对简化来的汉字的死记硬背上下功夫,这不利于他们对汉字的学习,学生即使掌握了意义,也无法形成对汉字文化的感性认识及深层次理解。所以,教师要适当进行汉字原始形态的讲解,让学生在汉字影音的呈现中获得汉字文化的审美体验,从而激发学习汉字文化的兴趣，以便进行有效的学习。以荀子的《劝学》为例，"劝"与"学"这两个动词存在原始字形与现代字形的差异。"劝"的繁体字形作"勸"，呈现给我们的视觉是"草丛中鸟儿在歌唱，仿佛在给农民传达播种的信息"。甲骨文中"学"也具有形体意义，上边是两只手在摆弄算筹，意在说明手把手地教；下边则是婴儿的构造，仿佛在说要从婴儿起进行手把手的教才能学会。在讲解的过程中教师可利用多媒体的影音动态化特点，将文字原始形体展现在学生面前，并将汉字中蕴藏的文化内涵用图画的方式展现出来，让学生感受到汉字中细腻的艺术色彩，吸引学生注意力，激发学生兴趣，使学生易于理解汉字中潜藏的文化内涵。

作品的鉴赏，要品味语言。文学鉴赏是要从语言入手的，任何一篇文学作品，在深入鉴赏前，都要从透彻了解语言文字来入手，看似简单，但却是最为基本的。"书读百遍，其义自见"，将语言反复品读，揣摩透彻了，才能体察到作品中的意蕴。如高中课文《荷塘月色》中，朱自清先生对"荷花"的描写是极具美感的，如"月光如流水一般，静静地泻在这一片叶子和花上。"在这个句子中，作者对月光的描写为何不用"照""流"和"淌"而是要用"泻"？因为"照"是月色呆板的照射，"流"和"淌"比"照"字具有动感，但是均是平面的和单向的动感，而"泻"不仅是立体的而且可以是四面八方的，正如诗歌中的"泻水置平地，各自东西南北流"。更何况是在荷叶上的水往四处流淌呢？想象之下，美感与趣味顿生。这个恰切的比喻把冷清的月光化静为动，像是流淌在荷叶上的一团，变得更加可触摸可感觉了。更有意思的是，作者写到了"薄薄的青雾浮起在荷塘里"，根据我们的常识知道，雾都是白色的，怎么会有青色的雾呢？其实这是作者对覆盖在青色荷叶上雾气的描述，也能说明作者对所见之景的细心观察，从作者心境出发，也确实符合当时"宁静"的心情了。所以这个"青"字不可替代，也绝不能少。"意明而情动"，当理解了作品的意旨意趣与作者产生情感上的共鸣，那么对作者情感的体悟自然就会水到渠成了。从理会作品的"外壳"再到品味作品的"内核"，也是需要学生们日积月累的，那么教师也要引导学生学会鉴赏，让学生知道，鉴赏文学作品，品味语言，体味情感，是一个提高鉴赏能力的过程，也是接受审美熏陶的过程。

三、针对高中作文中的粗词淡语，察知汉字文化精髓

所以，汉字教学的展开要结合文本这一承载体才能实现。高中语文教材中最能表现汉字的功能、形态、内涵的是文言文部分。由于使用文言文进行交流的时代离学生生活年代尚远，学生在进行文言文阅读时难免会因汉字的古今异义而存在障碍，这就需要教师结合文本，让文字含义在特定的语言环境中呈现出来，使学生在同类语境的阅读中举一反三，直取其意。在这里，教师可以围绕一个文言词汇进行展开，将与该词此意和彼意有关的文

言句子列举出来,让学生从量的积累过渡到质的理解。另外,给一段古文加标点,这也是高中语文学习中举足轻重的一块,学生由于对文言文的陌生,很难理解字义,这就为标点的划分增加了难度。所以,教师在对文字古今字义讲解的同时,还要对文言文字的性质进行讲解。

高中语文作文作为高中语文教学中的重要组成部分,其在高考试卷中占比为总分值的1/3以上。换而言之,语文作文分数的高低其实在很大程度上就影响着高考考生的语文分数。但是作文恰恰也是很多高中生问题最大的一个方面,第一,从根本上来说,大部分高中生对写作文有一种抵触心理,因为"不会写""难写""写得不好",所以从心底里抗拒着写作文,这就为写作教学的展开造成了阻碍。第二,学生的作文中确实存在着许多问题,有些学生表达能力欠缺,语句不通顺,更有甚者,在部分学生的作文中还能找出许多错别字。有些能将语句表达得明确通顺的学生,却也只能将意思表达完整,文字语句就缺了一些"韵味",显得平淡无奇、内容空洞。第三,在应试作文的影响下,学生们大多开始套用固定的作文模板,久而久之,表达自己真情实感的作文已经是极少数了。高中学生在写作文时,思维模式、语言表达都基本成型,他们在写文立意时思考的观点可能通常落入俗套,不懂变通;在语言表达上,他们通常用一些自己熟悉的、成为习惯的词句,造成写文章时出现语言啰嗦、词汇重复、表达无力等问题,句式的单一重复、语言的平淡苍白等,都是学生作文不好的原因。面对这些问题,语文教师在课堂教学过程中要做的,就不仅是教学生应付考场作文而千篇一律了,而是要鼓励学生写出真情实感的作文,写出精彩的作文。这其中的关键是要更新语言表达的形式,要有提高学生语言表达能力的教学的意识,要让语言表达得有亮点、有闪光点,是说明的话就要让它显豁,意在刺激,就要使它具有最强的刺激力,在描摹,就要让它有最生动的情态,改变高中生作文中粗词淡语,这就需要我们对语言进行锤炼,并巧妙地使用修辞手段。在表达正确得体的基础上,如何让作文更出彩呢?首先,要对语言进行锤炼,上文中我们就提到,用字炼字能提升表达的语用效果。

我们知道,在诗歌鉴赏题中,经常会出现"理解诗句,并鉴赏诗句中的某个字妙在何处",简而言之,这种题型就是需要学生咬文嚼字。鉴赏诗歌需要咬文嚼字的精神,同样在作文的写作中也需要这种精神。朱光潜先生在《咬文嚼字》一文中说道:"有些人根本不了解文字和思想情感的密切关系,以为更改一两个字不过是要文字顺畅些或是漂亮些。其实更动了文字,就同时更动了思想感情,内容和形式是相随而变的。"随后就有举《题李凝幽居》诗歌中"鸟宿池边树,僧敲月下门"一句为例,作者在作诗期间曾经把"僧推月下门"改为"僧敲月下门",文中仔细探究了"推"与"敲"的使用,这也是后来把咬文嚼字说成"推敲"的缘由,在文字上的推敲,实际上就是在思想感情上的推敲。所以在写作中,学生在遣词造句的时候,要注意词语的选用,选用正确的、合适的词语会让语句更出彩,同时,对相关语句的引用,对相关典故的使用都需要仔细斟酌推敲。很多学生在写作时,会陷入这样一个误区,即写作就是把自己所经历的事一一记录,像是记流水账一般,或是单纯地把自己心中所想无一遗漏地叙述。其实写作时需要融入自己的真情实感的,要有真情,要把咬文嚼字的方式运用到写作中去。而上文我们说到,语言形式与思想情感两者是不可分割的,语言是跟着思想情感走的,不用粗俗的语言,情感自然也不会落入俗套了。

要巧妙使用修辞格,它是丰富作文文采的一个重要手段。在作文中比较常使用的是比喻、排比、引用、夸张、拟人等,比喻最为常见,它能让所写的事物具体形象,同时使文章生动活泼,增强文章的感染力,如在高二的一次作文习作中,有一学生写道:"成功路上的你需要以健康为基石,改变世界为目标,并付以不怕失败的精神去拼搏,方能拨开迷雾,享受追逐成功的过程,以及胜利的喜悦。"在这段文字中就使用了比喻的修辞手法,能让自己的文章更加生动。所以,在作文的写作过程中,可以以比喻的修辞手法开头,以先声夺人,可以用比喻结尾,不落俗套。

四、围绕高中汉字文化专题内容,探寻汉字文化规律

有人说,一个汉字中就包含着一部文化史,这句话虽然略显夸张,但是却呈现了汉字中蕴含着的巨大的文化

宝藏。不说一个汉字就有文化史,但是我们却能从汉字中窥探到其中的文化光芒。在高中阶段,实施汉字文化专题教学也是十分必要的,从文化视角进行汉字教学:第一,为了让学生对汉字知识有一定的把握,保持他们学习汉字的热情。第二,为了让他们了解并认识丰富的中华民族文化。教师在教学活动过程中,从字理分析入手,以字理为中心点,从汉字的起源义探求汉字内在的内涵与文化,同时在其中渗透文化历史,这样的课堂教学方式能提高学生在汉字学习方面的兴趣,有利于丰富学生的想象力,加强学生对优秀民族文化的认同感和归属感。而从整体上来说,汉字文化专题课也需要有一定的系统性,教师要根据实际教学情况与学生学情进行汉字文化教学,可以将汉字文化的相关内容进行整理、合并归类,组成汉字文化教学的专题,在确定专题具有教学的可行性和教学意义的情况下进行系统的教学。除此之外,教师在教学过程中,还应该注重循序渐进等原则,从而向学生们展现汉字中丰富的文化信息以及中华民族文化的博大精深,在此基础上,教会学生"举义反三""管中窥豹",从一个汉字中的文化得知一种类别里的文化信息,从一种类别又能探知汉字中蕴含的文化全貌。毕竟,汉字象形表意的特征,给我们展现出的是中国古代社会、民族生活的各个方面,这是几千年来留下的宝贵文化遗产,也是绝对不能忽视的教学资源,所以,我们可以通过对汉字文化专题的研究,去探寻汉字文化的规律。

第二节　高中语文汉字文化教学的方法

　　如今,汉字教学的地位正在逐步提升,从以前的附属地位再到国内外都相继开设独立的汉字课堂,我们欣喜地发现汉字教学理论体系不断完善,对汉字教学规律的把握以及研究范围的不断拓展,都是促进汉字传播和文化传播的良好势头。当前我们的任务就是找出规律,积累经验,得出一系列行之有效能针对不同特点学习者来实施的教学方法。

　　利用汉字造字理据和象形因素,利用文化和图画实现可理解的语言输入。目前以部件为单位进行汉字教学的方法颇受推崇,张旺熹是较早发现和开始研究从汉字的结构入手,利用部件教学的学者。他统计了汉字最常见的结构和部件后发现,在学习汉字的初级阶段,如果能系统学习118个常用字中的基本部件,那就等于掌握了1000个常用汉字中80%的部件。

　　从教学顺序上来说,在学生掌握了基本的笔画和书写能力后,从结构入手进行教学是比较常见的教学方法。第"一""大"的是"天";一"日"一"月"后是"明"天;"泪"是"目"边的水。为了避免课堂氛围乏味,学习者心理负担重导致的注意力分散,也有许多学者越来越重视增加汉字教学的趣味性。例如游戏教学法"添一笔成新字",

变"十"为"土",变"米"为"来";"同音字知多少"写出同音不同形的汉字;"偏旁连连看"把汉字拆分写在黑板上,让学生画线连接偏旁部首和部件组成正确的汉字等。这种具有良好互动形式的教学方法,无疑是寓教于乐,能够充分展示汉字魅力的同时提升学习者的识记效率。

利用汉字中的象形元素,从字形表意功能入手,转变成简笔画,如"口""田""山""月""丝";从偏旁入手进行教授:"草""花""苹""莉""芽";"女"字旁的亲人称呼:"妈妈""奶奶""姐姐",介绍农耕文化、家庭文化、思维方式。从同音字入手讲解忌讳和祝福,如"分离"和"分梨",倒贴"福"字寓意福"到"了等。这类教学方法可以总结为归类教学法,同样的教学方法还有将同义的汉字归为一类进行教学,避免学生在后期接触到不同外形的字词,先入为主地混淆或者不知道应该在何种语境或句子结构中使用相同意义的汉字。同声旁的汉字归为一类进行教学,通过声旁学习读音,通过形旁了解含义,避免混淆形旁相同的汉字。需要注意的是,在我们根据六书理论,结构拆分进行教学时,要做到既能够结合自己的想象,也能发挥学生的想象,碰到不能解释的字,不可捏造歪曲来讲解,要按照国家语言工作委员会制定的拆笔规范来进行科学的拆分,讲究科学方法和顺序,依照一定的设计原则和传播原则来进行课堂内容的设计以及文化内容的选择。从偏旁教学法和游戏教学法出发,选取学习者对中国文化感兴趣的方面,在日常交际中有实用性的部分汉字,并且是有一定结构字形规律,容易识别和掌握的汉字。思考如何把文化内容结合进汉字教学当中,找出教学规律和实用方法,达到既能够积极传播文化知识,又能够翻越汉字教学难关,一举两得的目的。对外汉语工作者只有不断探索和创新教学方法,更新教学思路,从实践中总结出技巧,不断提升"人文意识"和"汉字意识",才能提升教学质量来应对和克服汉字难学难教以及与文化传播结合的挑战。

一、高中教学现状

汉字教学是语文教学中的基础部分,工具性的作用毋庸置疑,交流、阅读、写作这样的语文能力都离不开汉字的学习。但是区别于小学、初中的汉字识字教学,高中汉字教学更应该关注汉字本身所传递的文化信息和文化现象,这是由语文学科的人文性的本质决定的,"语言文字是人与生俱来、与时俱进、同生共死的思维显像,语言文字的学习势必与其生存、成长与发展须臾不分,因此,发展性、阶段性、序列性是其基本特征,承认并尊重这个基本特征的存在就是所谓以人为本,就是人文性的本质与前提"。忽略学生在不同时期和阶段语言学习的差异性,就是"目中无人"的表现。还因为汉字本身就是承载和传播汉文化的工具,汉字的学习过程本身就是一个文化的传承过程,人为地割裂汉字的工具性和人文性的作用,只重视汉字的工具性作用,只重视知识的传输,而不重视甚至是忽略学生作为个体的人的精神文化需求,这种教育是不科学的,其结果注定是失败的。

（一）现阶段高中汉字教学存在的问题

1.高中汉字教学仍停留在识记汉字的目标上

高中阶段仍然有汉字教学的任务

目前高中汉字教学的目标仍停留在扩大识字量、培养良好的书写习惯上。而且汉字知识在过去的高中语文课本中从未涉及,既无全面性可言,也无系统性可言。所以汉字教学在高中语文课程中属于登不上大雅之堂的末流,又是食之无味、弃之可惜的鸡肋。课堂上汉字不被重视的直接结果就是学生连识记都成问题,更谈不上辨别赏析。所以现在的高中生写文章时错别字连篇,词汇量匮乏,甚至正式场合连一句像样的话都说不好。而更直接的结果就是社会上汉字使用的不规范。

2.高考对汉字的考查导致汉字教学高耗低效

高考《考试大纲》对汉字掌握有明确的规定即识记现代汉语常用字的字音和字形。同时指出,由于我国方言区的语音差异很大,所以语音的考查只要求识记字音而不要求拼写。这一要求侧重于考查识记、辨别、确定汉字字音的能力,即要准确地判断汉字字音的正确与否。而识记现代汉语的字形既包括汉字的识别,也包括汉字的书写;既包括区分形近字、同音字等,又包括不写错别字。从高考的实际看,字形考查的全是别字,因此,辨识别字成为字形识记的主攻目标。汉字作为表意文字,是形、音、义的结合体。高考中汉字考查只停留在形、音的层面显然是不科学的。虽然辨识要联系到字义,但是无奈学生高中没有系统地学习汉字知识,更不了解汉字的文化现象。这样的高耗低效也可以从学生高考试卷的答题中窥知——教师顶着高考的压力辛勤耕耘,可教出的学生却越来越没有文化素养,自己痛心疾首不说,还要顶上整个社会"误尽苍生"的骂名,真是可怜、可悲!

没有"文化内涵"参与的"文字训练"是高耗低效的纯技术化训练,是失掉灵魂仅剩躯壳的工具性训练,是背离了现代语文教育宗旨的物化教育。

(二)新课程改革对汉字教学的指导性要求及存在的问题

2001年,教育部根据《国务院关于基础教育改革与发展的决定》和《21世纪教育振兴行动计划》的精神,启动了我国新一轮基础教育课程改革。2003年又颁布了《普通高中语文课程标准(实验)》。2004年起,《普通高中语文课程标准(实验)》(以下简称《新课标》)和实施教科书先后在全国各地进入实验。按照教育部的计划,2010年全国将全面实施高中新课程。

1.《新课标》体现了对文化教育的重视

《新课标》的基本理念强调:"高中语文课应该帮助学生获得较为全面的语文素养,在继续发展和不断提高的过程中有效地发挥作用,以适应未来学习生活和工作的需要。高中语文课程必须充分发挥自身的优势,弘扬和培育民族精神,使学生受到优秀文化的熏陶,塑造热爱祖国和中华文明、献身人类进步事业的精神品格,形成健康美好的情感和奋发向上的人生态度。"理念体现了鲜明的时代特征和丰富的文化内涵。另一方面,语文教材改革后设置了必修模块与选修模块。必修模块突出了"共同基础",选修模块突出了"多样选择"。教材体现了语文学科工具性与人文性密不可分的性质。此次语文教学改革的编写者(主创者)强调:教材是"在坚持守正的基础上力求出新",那么"守正"即固守语文学科的工具性作用,"出新"的表现就是对语文学科文化教育的重视。

2.《新课标》增加了汉字教学的文化内涵

新课程改革要求下,汉字教学终于以独立、系统的形式出现在了语文必修课本第一册中,所在的章节属于"梳理探究",标题是"优美的汉字"。这一变化说明语文教育主管者对汉字教学有了重新的审视,认识到了汉字教学作为语文的基础教育,它对阅读、写作以及学生语文素养培养的基础性作用。

"梳理探究"这一章节是新教材的新设内容,编写者强调这一章节的设置是为了培养学生"积累整合"和"发现创新"的语文学习能力。内容包括"优美的汉字""奇妙的对联""汉语成语""新词新语与流行文化""姓氏源流与文化寻根""影视文化"等15个专题。而编写的目的是"引导学生自主思考、合作探究,以增加他们的文化积累,提高他们的语文综合素养,培养他们的创新精神和实践能力"。编写的特点之一就是"增加文化内涵,强调探究性学习"。而且不难发现,15个专题里有很多内容均同汉字有关。

"优美的汉字"版块由浅入深地涉及汉字的起源、汉字的形体、汉字的构成、汉字文化四个部分。虽然关于汉字文化的内容,专题也只是限于简单介绍,但是汉字与文化相互推动发展的关系基本表述完整,课后的习题也是围绕汉字的文化内涵而设置的。

在"语言文字应用"版块中,教材的编写一方面考虑到了中学生升学考试的实际需要,体现了语言文字知识的重要性,另一方面突出灵活运用,变"应付考试"为具备较高水平的文化素养。对教学形式,编者强调"语言文字知识绝不是一些只需死记硬背的条文,而是无时无刻不发生在我们日常生活中的鲜活的现象",所以教学形式侧重于"参与式""讨论式"。这些都是不同以往的教学模式。

3. 汉字教学改革后依然存在很多问题

汉字的文化内涵和汉字教学中的文化教育功能正在受到越来越多的关注,汉字教学改革正在迈出可喜的步伐,然而在教学的实践中很多存在的问题也不断凸显出来。

(1)必修课本中阅读教学仍然占据主导地位,汉字教学依然处于从属地位

高中生一学期的阅读课至少要用去48课时到64课时,再加上写作课,至少要花16课时,汉字教学所需时间

所剩无几了。再加上教参说明,梳理探究可根据本地区实际情况有选择地展开,于是汉字教学再次地成了被省略的内容。

(2)汉字教学的课程设计仍以为"听说读写"服务为主要目的,教学理念陈旧

语文教育课程教学应该遵循"汉语、汉字、中文"的自身规律,只能遵循中华民族的认知规律设计语文课程教学。显然语文学科的教学必须应该是以汉字的教学为基础,以汉字文化的教育贯穿始终的。只有遵循汉语汉字自身规律,以弘扬汉字文化为核心进行语文教育体系、结构的课程教材改革,语文教育才能从根本上摆脱几十年来的被动局面。①

二、针对语文教学现状,对其实施应对的方法

但这也并不代表这种教育制度是无法改变的,这种教学模式会随着时代的发展逐渐被淘汰的。当前教育部的改革使学生学习更具有自主性,有更多的自由支配时间,教师的教学方式也由原来的完全主导课堂变成了教师引导学生自主学习。学生有更多表达自己想法的空间和时间。教育部改革也尽量减轻了学生的繁重课业,使学生可以有更多的自己的时间去做一些资料的查阅和阅读。教师在这种改革下就更容易地传授传统文化,教师在授课时,可以将学习文章所需要的参考文献和背景资

---

①崔希亮,王路江,迟兰英,等.汉字教学方法与技巧[M].北京:北京语言大学出版社,2015:26.

料告诉学生,让学生自己了解传统文化知识,在课下不断丰富自己的传统文化知识,真正地理解传统文化的真谛,积极主动地去学习传统文化知识,取其精华,去其糟粕,将传统文化转化成对自己真正有益的东西,塑造正确的世界观、人生观、价值观。

在高中语文教学中传统文化的意义非常重大,它不仅增强了学生的知识,还塑造了学生的处事方式和价值观念,让即将成年的高中学生拥有良好的品格和较高的素质,在学生今后的生活中和学习中有较好的思维方式和做事能力。更重要的是传统文化的教学提高了中华文化的自信,提高了中华文化的软实力,提高了中国在世界中的地位。由此观之,传统文化在高中语文中的教学地位是无法代替的,值得每一位高中语文教师去研究传统文化的教学方法,提高教学水平和能力,在学生最重要的人生阶段起有益的引导作用。传统文化在高中语文中的教学刻不容缓。具体方法如下。

(一)运用训诂学原理,讲解高中课文中的生字新词

上文我们提到,"训诂"为解释之义,用简单的话解释难懂的话,用现代语言解释古语,所以训诂学在古诗文尤其是文言文的教学中就显得很有必要,为了解、探知文言文中字词提供了理论基础。要去探知文字的意义,就需要使用训诂方法,因此"训诂"的方法对于高中文言文教学有着重大的意义。

我们知道,训诂学的方法有三种:声训、形训、义训。声训就是根据读音来解释词义,即因声求义,用音同或者音近的字来释义。

形训是通过字的形体来释义,即据形索义,这也是训诂方法中最基本的一种,因为汉字是表意文字,汉字最开始就是采用据义绘形的办法来创造的,所以汉字的字形与它们所记录的词义有着非常密切的联系,东汉许慎的《说文解字》就是最早一部通过分析汉字形体来分析词义的著作。以及六书理论中的象形、指事、会意、形声四种造字方式,从训诂学角度来讲,都是形训,但是值得一提的是,《说文解字》中分析词义是以小篆字形来解说的,所以也具有相对的局限性,我们在使用形训的训诂方法时,也应该对其他的训诂学著作或理论知识进行参考。

最后是义训,实际上就是"依据词义运动变化与相互联系的规律进行词义探求",它是根据词义变化引申的规律对词义之间的联系进行比较分析,来把握文章中具体语言环境中的词义。

但是在现在的高中语文文言文教学中,一般情况下,教师因为高考大纲中只要求学生能浅易地读懂文言文,掌握文言文实词、虚词,以及文言文句式等,所以在教学过程中,大多把重点放在了文言实词、虚词和文言句式的把握上,基本上把整篇文言文翻译完成,将课文的框架结构讲述清楚即算完成教学目标。这样确实达到了文言文"字字落实"的效果,但是学生并没有深入思考与理解,这样既不能培养学生文学欣赏的能力,也不能让学生深入文本感受文本中的文化内涵。所以,文言文教学要注重"文"与"言"的高度统一与融合,不能忽略文化蕴含而只讲解文言字词句,也不能只谈思想情感而脱离文字本身。我们从必修课本中找出几个例子来看,以下截取《鸿门宴》教学实录中的部分片段。

教学片段:

"……项王按剑而跽曰:客何为者?"

师:在这句话中,项羽在看到樊哙带剑拥盾进入军门后,有着怎样的反应和动作?

生:"按剑而跽"。

师:请同学们看看课文下对这句话的注释,课文给的注释为"握着剑,跪直身子,这是一种警备的姿势。古人席地而坐,两膝着地,要起身先得挺直上身"。那么,"跽"的意思又是什么呢?

生:跪直身子。

明确:显而易见的是,更具体来说,"跽"的意思应该是"两膝着地,上身挺直"。在《说文解字》中,"跽"意为"长跪也"。写作"跽"(PPT展示图片)。而在《释名》中解释为"忌也。见所敬忌,不敢自安也"。即见到令人尊敬或忌惮的人或事,不敢自安,这就很形象地解释了项羽见到樊哙冲进军门时的状态。

师:而后张良是怎么回答的?

生:"沛公之参乘者也。"

师:要注意的是这句话中,有一个词点明了樊哙的身份,也就是"参乘"。值得注意的是,这个"乘"字的读音是"sheng"。同学们先来看看课文对这个词语的注解。

师:我们可以明确知道,这个词语的意思是"亦作'骖乘',古时乘车,站在车右担任警卫的人。乘,四匹马拉的车"。从注解来看,这个词与马车有关,这也就涉及了古代的车马文化,"骖"偏旁为"马",与马有关,在《说文解字》中,有这样的解释:"马以引重。左右当均。一辕车以两马为服。旁以一马骖之。"也就是说,在中间驾辕的两匹马为服马,在服马旁边的马就叫作骖马,因为要左右均匀,一般有四匹马,《说文解字》中又提到,"四马为乘","乘"也就是四匹马拉的车了。而在古时乘车,一般尊者在左,御者在中,又有一人在右,称车右或骖乘。由武士充任,负责警卫。所以由此我们就能得知樊哙这个"骖乘"称呼的由来了。

首先我们可以知道,学生此时正处于高一,刚从初中阶段迈入高中阶段,所以我们对学生的基本情况分析为:学生有一定的文言知识积累,但是对汉字的形体构造没有太多深入地了解,不能从根本上体会汉字文化的意蕴。针对这种情况,在文言文教学中对重难点字词进行字理分析就显得十分必要,同时,对于汉字中蕴含的文化信息,教师也应该在恰当的时机渗透进文言文字词教学中,要将二者进行有机地结合,而不是割裂二者之间的联系。

在本案例中,在教学活动中有对学生的引导,比如让学生自己去探究字词的意义,让学生有独立思考的时间,动脑思考能让学生对知识点更加记忆深刻。课堂也没有变成教师一个人的课堂,而是发挥了学生的主观能动性,调动了学生的积极性,让枯燥无味的课堂更有趣。中华文化博大精深,也显现在大量的古代文字典籍中,只有我们在学习古文中多多留意,掌握好一定的训诂知识,才能读懂古代的文学作品,才能在理解文学作品内容的基础上,徜徉在文化的海洋里。因此,基于训诂学原理,探究汉字文化应该是文言文教学的目标之一。学生通过对古诗文的学习研读,从一方面来讲,可以去了解到古代社会的风俗文化、社会习性等;另一方面来讲,能让博大精深的传统优秀文化得以继承发扬。利用训诂的相关知识探究古文,是认识中国古代优秀传统文化的方式之一,因为运用训诂方法,能让我们在学习过程中真正把握古诗文字词的内在含义,在深入文本的同时,帮助我们去探究汉字文化的根源。

（二）运用修辞学原理,评价高中课文中的妙言金句

陈望道阐述修辞有两种:①消极修辞;②积极修辞。他认为消极修辞是抽象的概念的,而积极修辞是具体的体验的。消极修辞的最低限度和应当遵守的最高标准有四端,从形式上来说是明确、通顺;从内容上来讲就是平均、稳密。实际上就是要把意思明通地表达出来,要把意思平稳地传给别人。消极的修辞只要让人"理会",但是

积极的修辞是要让人去"感受",那么就不能只是去理会意思,而是通过了语言文字而产生的种种感触。同样,积极修辞也可以分为两个大方面,内容方面大概都是基于经验的融合,并且尤其以情境的适应为主要条项,形式方面大概是我们对于语言文字的一切感性的因素的利用,简单地说来,这就是语感的利用。而积极修辞又是由辞格和辞趣组成,辞格是讲求内容与形式的综合,辞趣重点则是在形式方面。当然,从高中语文教学情况出发,我们这里着重讨论积极修辞中的辞格,也就是我们平日经常提及的"双关""借代""夸张"等。在《修辞学发凡》一书中,陈望道又将辞格分为四大类:一类是材料上的辞格,比如"譬喻""借代""双关""引用"等九种;一类是意境上的辞格,比如"比拟""讽喻""夸张""设问"等十种;一类是词语上的辞格,比如"析字""复叠""省略""回文"等十一种;一类是章句上的辞格,比如"反复""对偶""排比"等八类。

在高中语文课本中,也有对语言美的赏析的要求。在人教版高中必修语文教材中,收录了许多诗歌散文,诗歌、散文中自然免不了修辞的运用。下面举出高中必修教材中的几个例子,通过运用修辞学原理,来感受、评价课文中的美言金句。如戴望舒《雨巷》中写道——

我希望逢着

一个丁香一样的

结着愁怨的姑娘。

······

她是有

丁香一样的颜色

丁香一样的芬芳

丁香一样的忧愁

在这首诗中,戴望舒刻画了一个朦胧又美好的女子形象,整首诗读过,让人回味最深的便是这"丁香一样的姑娘"。为何是丁香一样的呢?我们可以看看古人是怎么描述丁香的:李商隐诗曰"芭蕉不解丁香结,同向春风各自愁",李璟在《摊破浣溪沙》中写"青鸟不传云外信,丁香空结雨中愁",这两句诗词中共同出现的字眼"愁",想必已经很能说明问题了。其实,丁香花开为紫色,因淡雅高洁,通常作为哀婉、惆怅的象征。所以,雨巷诗人笔下的丁香般的女子不正是忧愁、哀怨的形象吗?这江南女子像丁香一般淡雅、忧愁。然而,诗人并未像平常一般做出比喻,如"我希望逢着像丁香花一样的姑娘",这般作比,便失去了诗中使用暗喻手法而表现出的特有的韵味了。徐志摩《再别康桥》的"那软泥上的青荇,油油地在水底招摇",以及"那河畔的金柳,是夕阳中的新娘",不也是用比拟的修辞,才更形象地显示出青荇与河边柳树的生动姿态。为了让语言更美,作者们确实也会在作品中花费一番工夫吧。所以说,辞格是人们对语言美化而产生的需求,为了美的需要,文章里必然会使用相应的辞格。

实际上,高中语文课本中的课文都是经过精心挑选的经典作品,每一部经典作品都由作家精雕细琢,是作家的艺术品,更是人类精神生活的宝贵结晶,对于高中生而言,学习文学作品,不仅是学习课文知识,更是为了提高审美能力,培养独立思考的能力。下面选取人教版高中语文教材中的一首现代诗歌《再别康桥》,品味诗歌中的修辞。

从背景上来看,这首诗是在高中语文教材必修一中的第一单元,是高中生进入高中后最早接触的诗歌之一,因此,在本单元的诗歌教学中,引导学生去鉴赏诗歌是教学过程中非常重要的步骤和环节。作为版块"阅读鉴赏"中的一篇新诗,阅读鉴赏的要求是学生能感受诗歌中的形象,品味诗歌语言,领会作品的内涵与情感,也要在情感上有自己的体会和思考。正如在本单元前的导入中编者所言:"读诗可以陶冶性情,可以学习用精练的语言和新颖的意象来表达情意。"为了培养学生诗歌审美能力,激发学生的想象力和创造力,教师可以在教学中创设情境,让学生细心品味,感受诗歌中的"美"。导入新课后,让学生欣赏配乐诗朗诵《再别康桥》,并尝试跟着节奏朗读。教师要有意识地引导学生体味诗歌语言上的美。

教学片段。

师:同学们,这首诗让我们直观上感受到美的主要是景物上的美,那么诗歌中写到了哪些景物?

生:金柳、青荇、长篙、星辉、康桥……

师:那么诗人是怎么形容"金柳"的?

生:"像夕阳中的新娘"。

师:这句话里面用了什么修辞手法？又为什么要用这种修辞？

生:用了比喻的修辞,把"金柳"比作"新娘",展现的是金柳的婀娜多姿。

师:讲得很好。这里"金柳"可不可以换成"柳树"？为什么？

生:不可以,首先"柳"是诗歌中常用的意象,古人有着"折柳赠别"的传统,这个意象也暗示了诗人即将离去。同时,此时金色漫天,正是黄昏之时,时光逝去,更增诗人的愁绪。

师:非常好。讲明"金柳"这个意象形态美的同时,还能分析出意象中蕴含的情感,形式与情感的双重美,更显诗歌的魅力。

朱光潜说:"诗人择用一个适当的意象可以唤起全宇宙的形形色色来。"在本案例中,用意象来带领学生来领悟诗人创作的"宇宙",更能融入诗歌的意境中去,在这堂课里,始终以学生作为鉴赏活动的主体,教师并不是一味告知、传递给学生文本的意义或是艺术手法的运用,学生拥有了更多主动权。同时,在教学活动中也设置了相应的问题,通过问题一步步引导学生去理解诗歌中的意象,感知诗歌中的意境,以问题探究的形式,驱动学生去分析问题并解决问题,从而实现本课的教学目标。

当然,在带领学生们欣赏美句的同时,教师还应注意的是，要注重培养学生自己写作的能力，不仅要会欣赏，还要学会自己运用修辞手法来提升表达与写作能力。因为在教学大纲中，语言表达不仅要求简明、得体，还要求鲜明、生动，实际上就是要求学生在明确表达的同时还能力求优美、生动。将语意表达清楚尚且能够达到标准，然而要使语言优美确实还任重道远，对于此，教师和学生都应该要做出努力。

在修辞教学方面，教师要进行扎实的教学，制定教学计划，循序渐进，要让学生理解修辞的相关理论知识，并且能够让学生在理解修辞的规律后运用到实践中去，要让理论与实践相结合。这种做法能帮助学生提高语言理解能力以及语言运用能力，对于学生的阅读、写作都是大有裨益的。但是实际上，关于修辞的教学，也不能仅仅局限在语言文字的层面，修辞是为语言文字增加美感的艺术形式，蕴含着丰富的文化内涵，所以，修辞的教学不仅要让学生提高语言文字的运用能力，还要加强学生对文化的理解与包容。

学生就应该先明确修辞的意义，发现、抓住修辞的核心；应该端正学习的态度，在课堂之余也要注重修辞的日积月累；同时，"光说不练假把式"，因此，还要增强自己的修辞运用意识，在积累修辞知识的基础上，自己还要进行实际运用，以此来提高修辞运用的能力。

有人说，语言就是力量，但是"言之无文，行而不远"，若是语言、写作中没有修辞，没有文采美，又怎么能走得远呢？

（三）运用语用学原理，分析高中作文中的粗词淡语

写作是对语言文字的应用，语言的运用是建立在语言建构的基础上的，上文提到，语言的建构是在简单字词的基础上进行的，由字词构成句，语句构成篇章。当然，只有拥有足够的语言积累才能更好地运用语言，因此，学生在平时的时间里都不可轻视阅读与写作。

而对于许多学生作文中出现的语言过于平淡的问题，教师在写作教学过程中就可以适当地加入修辞知识教学，让学生学习掌握并积累相应的修辞知识，让他们在理解的基础上明确修辞手法的具体运用方法，让学生懂得只有理论和实践相结合才能在写作中灵活掌握修辞手法，进而恰当地运用到实际的写作中，增添作文的文采。同时，积累修辞知识，提高语用能力，才能更好地锻造作文中语句，以及谋划作文整体的篇章结构。

从现在的高考形式看，高考作文已经没有了很多年前所谓的命题作文形式，一般都是话题作文，在这种话题作文里，标题完全由学生自拟，那么，不再是统一的标题就显露了考生间的写作水平差距，有的学生大放光彩，有的学生就"露了马脚"。在这种情况下，我们就需要说说作文标题的重要性，其实作文拟题中也暗藏着"玄机"。事实上，我们所说的"题好半篇文"这句话是很有道理的，相信很多有阅卷经验的老师都明白，在评阅考生作文时，

会对考生作文的标题有"先入为主"的印象,标题新颖亮眼的,自然多获得阅卷老师一分好感,标题平淡无奇的,就不会有让老师眼前一亮的感觉了。当然,内容如何又是另外一回事了。无论是考场作文或是平时作文,其实都要注意拟题的技巧,在写作教学过程中,教师也应该重视拟题技巧的讲解。拟题时,最基本的要求必然是做到清楚、准确,在这个要求下,尽量做到新颖、别致。比如以下一段材料。

一位大学生在学校花销不够,零用钱吃紧,于是写信向在乡下种地的父亲要钱,信中只有简单的三个字——爸、钱、儿。

在这段材料中,我们如何来拟题呢?标题可以是《怎一个"钱"字了得》《谁来为亲情扶贫》,这样的标题就会吸引人的目光。

当然,除此之外,我们还可以匠心独运,利用修辞格来拟题,根据相应的文体格式和内容,巧妙使用修辞,能够避免过于平淡无味,让作文题目生动鲜明,吸引阅卷老师的眼球,作文也就能有先入为主的好印象了。例如《心灵的变奏》使用比喻,《二胡和小提琴的爱情变奏曲》使用借代,同时,古典诗词、成语熟语、影片名字、歌曲名字、广告标语等都是可以适当引用的,或是借用,或是仿写之后文章的题目,经常能新颖夺目,既不脱离作文要求原意,也不失趣味性,比如《最近比较烦,比较烦》就使用了歌词。都说眼睛是心灵的窗户,那么标题就是作文的眼睛,只有通过这双眼睛,我们才能看见不一样的风景。

以上是有关高中生作文拟题的小技巧。那么在平时的作文教学中,教师该如何上好作文课呢?如何把学生作文中出现的一些问题进行修正呢?这是值得思考和探讨的问题。有句话说:"笔下无典,其文必浅;言之无文,行而不远。"想必我们都能明白这句话的含义,作文不能写得肤浅,不能写得过于平淡。在高考作文的"发展等级"中,其实对考生有"语言有文采"的要求,即词语生动,句式灵活,善于运用修辞手法,文句有表现力。在高考作文这样的要求下,我们怎么才能让学生写出的文章"深"和"远"呢?在本节中,笔者选择了"把作文写出亮色"主题作文课的教学设计的部分,来展示论题相关技巧。

展示学生作品并让他们自己评价修改,能激发他们上课的兴趣。

环节一:比较思考。

教师以《编织21世纪的梦》中的一句话为例,在PPT上展示三种不同的写法:①"二十世纪快要过去了,处于世纪之交的我们回首百年往事……"②"二十世纪快要成为历史了,站在二十一世纪的门槛前,我们回首百年的世事沧桑……"③"二十世纪的帷幕正在我们头顶徐徐落下。站在二十世纪与二十一世纪之交的驿站,我们回首百年来并未如烟的往事……"

简单例子的比较,让学生有一个更直观的感受。询问学生哪句话更好以及原因。

明确:第三句最好。因为比喻这种修辞手法的使用让语言更加生动。平淡的语言无味、寡淡,生动鲜明的语言更能直击人心,所以我们要学会给作文中的语言增添"亮色"。

环节二:方法探究。

亮丽的语言有三个基本特征:具体可感,生动鲜明,富有情韵。在这堂课中,教师应该把重点放在教学生如何写出有"亮色"的语言。教师与学生一起探究该如何让作文"发光发亮"。

1.展示下面这段文字

"你可以'小桥流水人家',也可以'古道西风瘦马';你可以手持长剑,独立朔漠,感受'风萧萧兮易水寒'的悲壮,你也可以手握画笔,船头簪花写韵,领略一下'斜风细雨不须归'的闲适。"

让学生思考一下,这段话妙在何处。

明确:这段文字引用了古代、现代诗人的名句,让文字更精妙,使文章富有文采,意蕴深远。

2.展示方法

(1)巧妙引用显新奇

引用诗人的名句,使文章语言更添文采。除此之外,还可以采取引用歌词、套用古诗句等。

(2)应用多种修辞格

运用修辞,可以美化语言,在作文中,最常见的有比喻、排比、拟人等。分别在PPT上展示使用了修辞手法的例子,让学生体会修辞对语言的修饰美。同时,对应一定的仿写练习。

练习一:仿写下面的句子,要求组成排比句。

青春,比朝霞更为鲜艳。

青春,比……

练习二:要求采用比喻手法,要求组成排比句。热情是人生的太阳,能照亮前行的路。热情是……

利用仿写,来训练学生的思考能力和写作能力。同时,在写作的过程中提升修辞运用能力。

3. 教师讲授剩下的两种方法,在讲授过程中,要注重学生的参与

展示方法三:灵活使用各种句式。方法四:恰当使用动词。并适当进行举例。

4. 美文赏析

例文《感悟青春》。

本案例主要在于让学生参与到课堂中来,先提起他们对写作文的兴趣,讲授与练习结合的模式,让学生能在积累写作技巧的同时,提升写作能力。当然,在本案例中,主要是讲授让语言更有亮点的写作方法,但是在此基础上想要让作文打动人,却要融入学生的感情。在这方面,本案例可能确有不足。

要让学生进行自主写作,以求能够表达自己的真实情感;所谓我手写我心,学生也要从教材的经典文章中学习写作的方法和诀窍,学会来抒发自己心中的真情。有

句话是"感人心者,莫先乎情",想要打动别人,就要在语言中注入真实的情感。所以,在之后的作文教学中,语文教师应该对学生进行有效指导,从经典例文或是优秀范文中学习写作,要让学生有独立思考的机会,同时,在平常的写作训练中要注重让学生有感而发,要吐露真情。

(四)运用教育学原理,疏解高中汉字文化专题内容

教育的目的是培养人才,教育本身就是一种实践活动,教学工作实际上就在于尊重人、理解人、信任人和发展人。教师在教学过程中,应该秉持"以人为本"的理念,即以学生为本,在课堂上,不应该是教师自己的主课堂,而是把学生作为主体,因此,在进行汉字文化专题教学时,教师在教学过程中要综合考虑不同学生的发展特点和现实的学习情况,结合自己以往的教学经验,以此来实践出有效的教学方法,来体现"以人为本"的教学理念。

同时,在实际教学活动中,教师要遵循各种教学原则,只有正确运用好各种教学原则,才能切实地提高教学的质量。比如直观性原则,在这种原则下,要选择直观的教具和教学手段,同时要把直观教具的演示和语言讲解相结合。因此,在汉字文化专题教学中,因为汉字的形体起源、变化不能只通过教师的语言来传达呈现,所以在这个过程里,图片或者视频等方式就显得尤为重要,如今教学中的媒体运用。在课堂中使用多媒体来辅助教学的手段已经成为课堂非常重要的一部分,它是教学改革的一

项重要的举措。利用多媒体教学,能够让学生更加直观地感受汉字蕴含的文化信息,也能让学生有学习的热情,生动的教学课堂能够让学生对课堂知识的记忆更加深刻。还要遵循启发性原则,在古代教育中,人们就已经非常重视启发式教学,孔子就提出"不愤不启,不悱不发"的教学要求,这也是后来"启发"一词的来源。上文中我们提到,要进行启发引导式教学,所谓"君子之交,喻也""道而弗牵,强而弗抑,开而弗达",这种教学要求就需要教师承认学生是教学活动中的主体,教师不应该强制学生学习,而应该是启发、引导学生自己独立思考,要善于用启发式对话来引导学生去寻找正确答案,引导学生去探求知识。

在人教版高中语文教材中,必修教材里一共有四个模块:"阅读鉴赏""表达交流""梳理探究""名著导读",而必修一、二、五册中的"梳理探究"部分主要是涉及汉字、成语、文言等知识,这有助于学生梳理整合语言文字知识,对语言文字知识由碎片化认识上升至系统性认识,进而发现语言文字知识的相关规律,积累丰富的语言文字知识。因此,这也需要教师在教学活动里把语文教材中的零散的传统文化知识,整合成系统性的知识,让学生有整体的把握,所以,我们就需要借助汉字文化专题教学。因此,笔者选取了必修五中"梳理探究"部分的古代文化常识部分,以该部分里第三小点——中国人的"姓名字号"为立足点,旨在让学生从汉字字理的角度探究汉字背后蕴含的文化信息,更进一步地认识中国传统文化,同时也是为了探讨实际教学中存在的问题。从教学内容上来看,本课题来源于人教版必修五"梳理探究"模块,学生在此前平时的学习中,已经对名人的姓名字号等文化常识有了一定的积累,而系统学习"姓名字号"的文化专题既有助于学生巩固相关文化常识,更能让学生体会汉字文化的意蕴。但是,尽管学生已经有了一定的文化常识积累,但是学生对汉字字理的分析没有太多接触,并且不能将自己以往学过的知识整合,化零碎为系统。所以,通过汉字文化专题教学,能让学生在识记、积累教材中展示的"姓名字号"相关文化常识的同时,又能进一步去感受汉字的魅力,体会独特的汉字文化。以下是"姓名字号"汉字文化专题的教学设计片段。

当然,教师先要掌握扎实的汉字字理知识,对汉字文化有科学的认识,只有有足够的知识储备,才能在课堂上对字理分析灵活运用;同时,要学会多媒体工具。现代电脑技术发展迅速,教师也应该将多媒体技术运用到课堂中去,来弥补教师课堂上传统讲授方法的局限性。教师应该学习制作汉字课件、汉字动画,要把古老的汉字知识变得能动可感,这样的直观展示能让汉字更有形象性,调动学生的学习兴趣,也能让课堂更有趣味性。

所以,在汉字文化专题教学中,教师可以先展示汉字字形的图片,让学生自己进行思考,并在这个过程里循循善诱,让学生体会到自己独立思考后探知到正确答案的快乐。当然,调动学生的主动性是启发的首要问题,怎么让学生主动参与到课堂中来,这也是教师在课前应该思考和准备的问题。最后,汉字文化的感知和学习不是一蹴而就的,应该有一个循序渐进的过程,是从易到难,由浅入深,由简到繁,并且要有一定的系统性。

(五)布置作业引导学生汉字运用

有限的语文课堂教学时间总会让学生对汉字文化的学习意犹未尽。教师应带领学生融入课后更广阔的学习空间中,让学生在课后通过对知识细致入微的研究,获得更深刻的体悟和认知。一方面,可以培养其自主学习的能力;另一方面,也为学生对汉字文化的充分学习指引了方向。在这里,教师可以利用作业布置的形式,给学生安排研究任务,让学生自行查找工具书或典籍,如《说文解字》《古代汉语词典》《文字学概论》等,继而整理出汉字运用规律,明白在特定语言环境中,汉字词义和性质。学生通过自行收集、整理资料,自然会形成深刻的印象,有利于他们对古汉字的学习。例如"考"字,甲骨文中,"考"字形态是一个老人,其含义取"老"之意思,但《礼记·曲礼下》中说:"生曰父,曰母,曰妻;死曰考,曰妣,嫔。""考"在这里意味死去的父亲。除了这两个意思之外,"考"还表示"敲",如"故金石有声,不考不鸣"。汉字教学与文本教学相结合,引导学生从对汉字知识的识记、积累过渡到对汉字文化底蕴的深刻理解。

第四章 汉字文化塑造功能 与高中语文教学实践

第一节 高中语文教学中落实汉字文化 塑造功能的依据

汉字被交流使用的过程中,不仅将前人的知识、经验传递给了后人,而且对后人的思想观念、心理意识产生影响或塑造。就这样,汉字在一代又一代后人的使用过程中完成了对于各种文化现象的历史性的传播、完善和塑造。同时,人们在利用汉字进行交际的实践中,随着对汉字自身特点的认识和熟悉,又发现汉字在众多领域有着特殊的创造价值,诸如文学和艺术的领域,于是汉字又推动了新的文化现象的产生,这就是汉字的文化现象塑造功能。这里所谓汉字的文化塑造,并非一般意义上的汉字对文化的推动所产生的文化现象,而是汉字超越其语言交际职能的一种文化辐射,是汉字对使用汉字的人心理意识、思维习惯所产生的某种程度的塑造和影响。"语文教育自身真正的价值在于完善人的言语天赋、思维素质和文化修养"。所以探讨落实汉字的文化塑造功能应是实现汉字文化教育的最终目的。

一、汉字的特点对汉字的文化塑造功能影响深远

(一)以形表意的特点

汉字是目前世界上现存的唯一具有表意特点的文字。所谓表意,实际指的是汉字在表词方式中的一种特性,即以文字的构形与文字所记录(语素)的意义发生某种联系。这种特点当然形成于造字之时,然而在文字的应用过程中,又不免会对文字的使用者产生相应的影响。很显然,人们在汉字的认知以及运用汉字表达思想、传递信息的过程中,由于总是需要由形及义或以形表义,自然难以避免在心理意识上潜移默化地形成相应的定式或趋向,进而生成汉民族偏重于直觉形象的思维方式。在此基础上,在一些具体文化门类中,种种偏重于直觉形象的文化现象便得以产生并长盛不衰,如书法、篆刻等。

(二)字素的可分合性

在汉字中占绝大多数的是有两个或两个以上的字素构成的合体字。所谓字素,一般都是一个形、音、义的统一体,也就是说,把它们拆分开来,它们都可以成为独立的字,而将它们重新组合,又可以构成另外的字。而且,作为字形构成的基本单位,汉字字素在构字时组合形式之多也是没有一种其他文字可以比较的。一般拼音文字的字母组合成单词只有左右横向拼合的一种情况,而汉

字的字素拼合方式仅就甲骨文的统计来看就达7类14种之多。以如此丰富的字素,作如此多样形式的字素拼合,必然造成文字构形的丰富多彩,取得较为理想的视觉效果。这一特性也就为人们出于种种目的对汉字加以分拆拼合创造了客观可能。如字谜、隐语、命名、测字、谣谶等,无不都是建立在汉字这种特征基础上的。

(三)汉字的形体特点

应该说,汉字形体特征是一个内涵比较丰富的概念,而其文化塑造和影响却较集中地表现在审美心理方面,比如前面所说的书法、篆刻等艺术就是由汉字字形的图像性特征及其抽象化发展而引发的。以字形描摹所记词语表达事物作为汉字的基本造字表词方式,自然会导致汉字字形的形象性或者说图画性趋向,事实上,在汉字发生之际,即将许多原始图画吸收进文字系统之中。因此,中国的书画同源并与汉字同时发轫。

再如汉字字形的方块形特征,是在祖先"天圆地方"等方形时尚观念意识下逐渐形成的,而这种特征一旦确立,自然就会在汉字的交际使用过程反过来影响强化人们的这种审美意识:无论是人工建筑基本格局的方形,还是道德概念的"方正",都应与汉字的这种构形特征有关。又如汉字构形的对称性,对于中国建筑、服饰、文字、绘画等艺术的影响也是众所周知的。

(四)汉字所表示的概念及其构成的概念系统

文字作为语言的书面记录,它所表达的概念及其体系并不是对客观世界的纯客观描绘,而是反映了使用这种语言文字的民族对客观世界的主观认识和感受。而这种主观认识和感受又是受该民族的物质生存条件及社会文化背景制约的。因此,汉字中所表达的概念也是汉民族独特的世界观的反映。而汉字系统一旦形成,对于后世将其作为交际手段继承下来的人们来说,它又有反映祖先世界观的特点。那么在汉字使用过程中,汉字中的概念体系也势必会影响汉字使用者对客观世界的认识,比如中国传统的伦理道德、哲学艺术等较高文化层次的概念,都是通过汉字的学习过程掌握的,这也是中国历史上为什么长期存在知识阶层与非知识阶层的种种心理文化差异的原因。文化知识差异、道德标准及价值尺度的差异,无不是汉字概念体系文化塑造功能的产物。①

二、汉字作为"复脑文字"可以开发智力

关于大脑与文字的关系,西方科学家揭示了大脑与拼音文字的关系,证实拼音文字的阅读和书写均是偏向左脑的"单脑文字"。研究表明,大脑左半球既有口头语言功能,也有书面语言的功能,而大脑右半球则只能对少数一些写出的单词有一定的理解能力,这都是对使用西方拼音文字的西方人研究的结果。因此,西方科学家根

---

①李怡,毛迅.现代中国文化与文学[M].成都:巴蜀书社,2016:23.

据这一研究提出了"开发右脑"的理论,但此理论只适用于使用拼音文字的人。上海师范大学心理系郭可教教授同上海医科大学华山医院神经科合作,在总结前人研究成果的基础上,通过多例脑损伤病人的临床研究,探索中国汉字与大脑两半球的关系,取得了重大的科研成果,郭可教教授得出的结论是:拼音文字是偏向大脑左半球的"单脑文字",而汉字则是大脑左、右两半球并用的"复脑文字";拼音文字认知中,语音编码起主要作用,而汉字认知中,则是语音、字形、语义多重编码兼用的。因此,西方提出的大脑两半球功能分工的一般模式和"开发右脑"的理论和方法,不完全适合于使用汉字的中国人的大脑,实际情况是汉字可以开发大脑左、右半球的潜力,有利于发展大脑智力。

东方人和西方人,中国人和外国人在生理上是相同的,大脑在生理上的两半球的不同分工也是相同的,中国人的大脑与汉字的联系之所以出现不同于西方人的大脑与拼音文字的联系的现象,并不是中国人的大脑与西方人的大脑有质的不同,而是因为汉字与拼音文字有不同的特性。

汉字的每个字是一个音的单位,是一个独立的方块形的单位,又是一个意义的单位。一个汉字作为一个意义单位就有其抽象性、概括性和综合性;而汉字作为一个独立的方块形,又是具体的、直观的、形象的,特色就在于以形表意。

　　而拼音文字的一个字母,虽是一个独立的形体,但只是一个抽象的表音符号,并不直接表意,许多字母的组合才表音、表意。因此拼音文字的形体首先是一个抽象的记音符号,这是同汉字的根本性区别。也正是因为这一根本性区别,所以同大脑的联系就产生了不同的情况。大脑的左半球的特性和分工是偏向抽象思维、逻辑思维,因此同汉字和拼音文字都能产生认知作用;大脑右半球的特性和分工是进行形象思维,因此只对直观性形象的文字产生认知作用,而对抽象的拼音文字字母不产生认知作用。汉字作为复杂文字,充分调动和使用了大脑两半球的不同功能,即形象思维和逻辑思维能力。

　　学习汉字可以开发智力已成为全世界公认的事实,而汉字认知过程中所形成的超强的形象思维和逻辑思维能力也成了中国人特有的思维趋向,影响了中国文化的许多方面,比如语言和文学领域,马致远的《天净沙·秋思》千古传诵,而内容完全是一些典型形象的铺排:"枯藤老树昏鸦,小桥流水人家,古道西风瘦马,夕阳西下,断肠人在天涯。"从词语到文学形象,无不是以具体形象取譬,而不是理性地诉诸概念。

三、汉字使用过程中所产生的文化现象具有极高的艺术价值

(一)书法艺术

　　书法是在书写汉字的基础上衍生的,汉字是其物质

基础。汉字字形的方块形特征,为书法艺术的创作提供了二维的生存空间。汉字以形表意,其图像性的特点以及笔画各异和字素的多样性,为书写者发挥想象力、追求审美效果提供了条件。汉字的字体是不断演变的,从甲骨文开始,历经了金文、小篆、隶书、草书、楷书、行书,这些字体形体不同,各有特点,为书写者追求不同的书写意境提供了选择。

汉字书写而生成的书法艺术是中华民族的文化瑰宝,充分体现了汉民族的审美思维及其精神特征。中华书法不仅是从点画局部乃至全幅整体上去创造汉字书写之美,让汉字展其美姿,舒其美叶,花萼相承,柯叶敷畅,成为摇曳于艺林中的奇葩。而且在一代又一代书法艺术家丰盛创造的沉积中,已将书法艺术拓展得特别宏深、高远、瑰丽。书法成为中国艺术中最普遍又极受尊崇的艺术,并成为由民族文化造就的艺术巨灵。

中国人常说这样一句话,"书为心画,字如其人"。这表明,在我们民族的意识中,一个人的心理意识和思想品格总不免要形诸于所书写的文字,所以人们从苍劲质朴的颜字中能看到颜鲁公的忠烈坚贞,从柔美圆滑的赵字中能看到赵孟頫的卑怯奴媚。而且汉字的书写最适于传达抒发自己的心灵情致。"披迹可以睹心,甚至一字可以见心;点画含情,可与灵台之波动相契;行间摽拔志气,亦与灵府之磊落相合"。书法可以显示自我的美感,同时又能显示时代的美感。每一个时代书法美的创造集合,可以表现出一个时代书法之美感。"所谓晋韵、唐法、宋意、明态之类,即此之谓。此楷书透视,则魏碑之猛厉,一如其文化精神;晋楷之洒脱,恰同其玄风之煽;唐楷之严谨,可睹其法之恢宏;宋楷之率性,犹窥其写意之尚;明楷之雅丽,乃见其重态之旨;清楷之复古,亦窥其碑学之趣"。书法美是我们民族用笔墨对汉字美的发掘和创造,具有我们民族独特的审美形态、审美心理和审美方式。

（二）篆刻艺术

篆刻是我国特有的一种汉字、书法雕刻相结合的艺术。在纸张发明之前,人们的书写材料为龟甲兽骨、青铜器、石器、木简等。人们总是将汉字刻在材料之上,这为篆刻艺术的产生奠定了基础。而汉字的以形表意所具有的图画性、艺术性及字体多变性又是其产生发展的条件。篆刻的字体选择、立体效果、夸张效果、挪移手法无不与汉字的形体息息相关,是汉字独特的以形表意为艺术家提供了无穷的创作空间,而产生了大量的艺术佳作。篆刻是一种汉字特有的艺术形式。"篆"即篆书,是中国最早的书体;"刻"表明所用工具为刀类。

篆刻的起源最早可追溯至殷代甲骨契刻和周代部分钟鼎铭刻。《左传》的记载表明,春秋中期已开始使用玺印（皇帝用的印称"玺",其他人只能称"印"）。战国时期,各国文字不统一,在印章上也有明显的反映。秦以小篆统一文字,因此传世的秦代官私印章也大多用小篆。秦至两汉的印章风格多种多样,或苍劲庄重,或雄浑古朴,后人奉为典范。西汉初年,字体屈曲缠绕的缪篆和有虫、鱼、鸟等动物形象的鸟虫书,成为印章上常见的字体。魏晋时代,产生了一种竖笔下垂、末端尖细的悬针篆。可以说,从战国到唐宋的印章,主要是为了适应实际的需要,即作为凭证信物,至多作为装饰物。宋元以后,出于书画鉴藏的需要,一些文人创造了主要供欣赏的印章,逐渐形成了篆刻艺术争奇斗艳、百花竞绽的局面。历代的篆刻大家有文彭、丁敬、何震、邓石如、赵子谦、吴昌硕、齐白石等人。

印章的材料有玉、铜、银、铁、象牙、牛角、梨木、竹根、石等。最常见的是石印。印文有白、朱两种,即钤在纸帛上的印痕,现白字的叫白文,现红字的叫朱文。也有把白文叫阴文,朱文叫阳文的。

(三)修辞艺术

汉字是汉语书面语的载体,汉字的特点必然会对汉语书面语的运用产生巨大的影响,从而孕育并形成了汉语运用中独特的修辞手法。"汉字修辞是利用汉字的形体来增强语言表达效果的修辞现象"。

汉字具有以形表意的特点,正因为如此,我们在实际的语言交际中势必会对其构形理据产生充分的重视。而这种构形理据的说法,不但会由于人们学习掌握文字的需求而在语言文字专书中出现,诸如"止戈为武"见于《说文解字》之类,而且在修辞中也经常出现,如《红楼梦》第五回:"凡鸟偏从末世来,都知爱慕此生才。"其中,"凡鸟"

即"凤"的析字,隐指王熙凤。《儒林外史》第三十二回:张俊民道:"胡子老官,这事在你做法便了。做成了,少不得言身寸。"王胡子道:"我那个要你谢了。"其中"言身寸"表"谢"这个词。在修辞上这都是为了避免直言而采取的委婉表达。还有一种特殊情况。

如《水经注·三峡》:"春冬之时,则素湍绿潭,迴清倒影,绝𪩘多生怪柏,悬泉瀑布,飞漱其间,清荣峻茂,良多趣味。"

"清荣峻茂"是四个形容词连用,从上下文来看,我们难以找到它们所修饰的对象。实际上,在这里作者利用了形声字的构形特点——形旁表意、声旁表音,借其偏旁暗暗点出的是水清、木荣、山峻、草茂。作者有意压缩成四字一段,是为了与前后句式协调一致,同时也使得文意含蓄隽永,意味深长。这利用的是汉字字素的可分合性,是修辞上的"化形析字"。

汉字的另一个特点是其意蕴的丰富多维,绝大多数的汉字在略具规模的汉语字典辞书里都有数个乃至数十个意义。汉字的同一视觉形成而兼表多种意义的特点,自然很容易引发人们在使用汉字的过程中自觉或不自觉地利用这种特点来进行艺术创造。在修辞上,有一种艺术创作叫"双关"。

如《史记·淮阴侯列传》:相君之面,不过封侯,又危不安;相君之背,贵乃不可言。

此为蒯通说韩信之辞。其中之"背"似指韩信背相,实指韩信背反。"背",一字双关,将一个机敏的说客形象栩栩如生地凸显出来。正是由于汉字意蕴的丰富性,才能使文章呈现出"简约""蕴藉"的效果来。

汉字字形的形象性特征又使修辞特别注重形象取譬,诸如"矛盾"比喻对立冲突,"骨肉"比喻亲属关系,"水火"比喻情况艰难等。汉字在具体语言交际场合中形、音、义的独立,又造成不同汉字之间内容与形式的均衡统一。这种均衡和统一自然很容易引致文学语言的工整均衡趋势。探究语言的均衡美,是修辞学的任务之一。怎样才能达到语言的均衡美,是修辞学的任务之一。怎样才能达到语言均衡美呢?有两种途径:①通过声音的手段,如调配音节、添加衬词、押韵等。②通过对偶、对照、排比、顶针等手段。

第二节　汉字文化开发智力的教学作用具体体现

中国人有智慧,有创造力。这不是国人自我吹嘘,而是外国一些专家在经过大量调查,完成了感性到理性认识之后所作的判断。美国学者坦普尔在其《中国:发明与发现的国度》一书中说:"现代世界赖以建立的基本发明创造可能半数以上源于中国。人们之所以不知道的原因之一是中国人自己忽视了自己的成就。"①第二次世界大

---

①[美国]罗伯特·坦普尔. 中国:发明与发现的国度·中国科学技术史精华[M]. 陈养正,译. 南昌:二十一世纪出版社,1995.12.

战以后,亚洲东部和南部地区发展很快,特别是日本和亚洲"四小龙"(韩国、新加坡、中国香港和中国台湾)在经济上突飞猛进,引起世界的瞩目。当人们探索这一现象的原因时,都很自然地发现这里都是使用汉字的地区,故人们称之为"汉字文化圈",国外又有人称之为"儒教文化圈"。

经济的发展有赖于科技的进步和管理的现代化,而归根结底则有赖于人的聪明才智的发挥。人的文化素质需要从小就接受多方面的影响和教育,对于汉字文化圈的人来说,汉字文化的熏陶显然是重要因素之一。

汉字文化究竟对发展人的智力产生什么样的影响,让我们从汉字本身的特点及其与人的思维的关系做些考察和探讨。

一、汉字与形象思维

最早的汉字是形象思维的产物,它用描形写意的方法来记录客观事物,在造字法上称之为"象形"和"指事"。

汉字不但"传形""传神",有些甚至还"传声"。前人发现,有的汉字的字音反映了它所代表的事物的声响。如"江",古指长江,因长江(上游)多石,水流撞击后发出"空空"之声,故此字"从水工声";"河"古指黄河,因黄河多泥沙,水流发出"呵呵"之声,故此字"从水可声"。此外,像金(最初泛指金属,非专指黄金)、银、铜、铁、锡以及竹、木、石等字音,都是打击该物时所发之声。汉字直觉性强,有的如见其形,有的如闻其声,这是拼音文字所不及的。

二、汉字与抽象思维

初期的汉字图画特征很明显,随着字形的演变,其象形符号逐渐变成了抽象符号,加之汉字为了适应表达复杂事物的需要,造字法也不断丰富,把汉字从表形的象形推进到表意的指事、会意,形声阶段表意文字固然保留了表形的某些特征,但大量抽象的、推理的现象却不断产生,这就使汉字形象思维和抽象思维融于一体。

鸟口为鸣,犬口为吠,户口为启(开门),卜口为占,这些都比较容易从直觉上去理解。但为什么欠口为吹,这就需要在理解字义时脑筋拐个小弯儿,因为字形变了,"欠"在古文中像人在张口吹气,这个象形字今天已经看不出来了。有些字字形变化大,意义也较复杂,在理解字义时还需拐个大弯儿才能到位。[①]

汉字在使用过程中,字义也在不断演变,有的在扩大(如上面所说的"江"),有的缩小(如"瓦",原指"已烧成土器的总称",后单指盖屋的瓦),有的引申(如"天",由人的头顶引申为天地的天),有的比喻(如"胁",原指人的腋下;后来又把山腰也比威胁),有的假借等。这种演变的结果是字义日益复杂,故单用具体思维去理解字义已无能为力,还需要借助于联想。因这种现象十分普遍,故无时无刻不在锻炼和激发人的想象力。

[①]林睿. 漫·润·构筑汉字文化浸润的语文课堂[M]. 福州:海峡文艺出版社,2019:38.

三、汉字与辩证思维

由于汉字形音义都很复杂,故人们在学习和使用它时必须时时注意辨别,并依照历史的、发展的观点对具体问题做具体分析,这就是辩证的态度和方法。

就字形而言,可以随便举出许多例子。"保"字在甲骨文中画的是一个人伸出一手抱住一个婴儿,有"保护"之意。到了金文,那只手被省略,成了"亻"旁加个"子"字。到小篆,那"子"字的头由实心画成空心,下面多了两点变成"呆"字。隶化以后,这单人旁加个呆字基本上定型了。这是字形由正确写法变成不正确写法的一种讹变,但这种不正确写法最终还是被人们接受了,成为今天的"正字"。我们必须承认这个历史事实,不能把"仔"说成是"保",把"保"说成是错别字。

就字音而言,也不乏其例。"单"的主要读音是 dān,但它还有两个音:①chán(单于);②shàn(姓单)。清代学者钱大昕经过研究,提出"古无舌上音"的见解,他的这一见解已为语言学界所认同。根据这一说法可知,"单"在上古只读 dān,其他两个音都是从上古音中分化出来的。这是从一字一音向一字多音演变的例子之一。一字多音的现象很普遍,今天碰上这类字,就必须根据其所组成的词义区别它的不同读法和意思。

就字义而言,同样可举很多例子。字义演变中最常见的是引申。引申可以是同向的,也可以是反向的。反向引申通常使同一个字生出两种互相对立的意义,这在古文中也很常见。例如"沽"既可释为买也可释为卖，"乱"既可释为乱也可释为治，"妻"既可释为娶也可释为嫁，"学"既可以释为学也可释为教，"子"既可释为男也可释为女，"丐"既可释为讨也可释为施，"删"既可释为去也可释为取等。

（一）汉字形体结构中的辩证思维

谈到辩证思维我们不能不涉及辩证法。辩证法本指辩论中揭示双方矛盾的方法，引而申之，现在指认识客观世界过程中发现事物内在矛盾的方法。作为思维认识的一种方式，它的本质特征便是对立统一性，既对立又统一，两两相对又相合。在汉字的形体结构上则表现为二维方块式、平衡对称性和正反对立性等特点。

1. 二维方块式

纵观汉字发展演变的历史，从迄今为止所发现的最早的成体系的汉字——殷墟甲骨文（其中虽有合文以及字形大小不均的现象，但大体上字形均呈长方形），到画好方格再铸的西周金文再到今天规范使用的现代汉字；从长似"长方"的小篆体到扁似"扁方"的隶书体再到正似"正方"的楷书体，二维方块式无疑是汉字构形的最大特征。关于二维方块式的结构特点，学者多有研究，如：周有光先生认为"方块潜意识"强烈是汉字型文字的特点之一；何九盈先生在谈及汉字形体的文化功能时说，现代汉字除了几百个独体字外，其余多为方块形二维组合体。或左右结构，或上下结构。如"桥"的二维空间配置就是

左"木"右"乔","霜"的二维空间配置就是上"雨"下
"相"。他认为汉字的二维方块式就是汉字系统性的基本
特点,而汉字的系统性指的就是汉字的结构规律。刘志
基先生认为汉字构形的最大特征,无疑就是它的方块形
态。有人对7000个汉字的组合结构进行统计,左右组合
结构的字有4650个,占64%;上下组合结构的字有1395
个,占19%。这两类结构加起来有6000多字,占80%多。
我们当然也可以据此把二维方块式看作汉字形体结构的
基本特点。而且,汉字之二维方块有别于西方传统美学
上的"规"与"矩"的几何美,它的二维方块式的紧凑与稳
定并不与它突破"四角全封"而透气而疏通而鲜活相冲
突。这种特点能动地体现了中国传统思维中阴阳对应、
对立统一的辩证思维方式。

在古代中国的思维世界里,不存在原子式的实体,而
只存在相互作用的关系。有上则有下,有左则有右,有阳
必有阴。"任何个体都被规定在某种共同体的复杂关系
里"相生相克,相辅相成,在相互对立中表现出和谐统一。
如果我们承认把每个汉字看作一个整体,那么构成汉字
的各个构件无论是上下结构还是左右结构,就都在这个
"共同体"里彼此作为生、相、克、制者在事物的运动过程
中发挥着作用。汉字作为表意文字,"由构件、构件组合
序列、结构成分组合的层次等诸种要素综合作用而构成
自己的形体",其构件的组合并不是任意的,空间位置的
改变和配置方式的不同通常会造成汉字表意性和所指的

误差。如"裸"和"裹",两字均由"衣"和"果"构成,构件完全相同,但配置方式不同,所指恰恰相反。"裸",《说文衣部》:蠃,袒也。裸,蠃或从果。裸是蠃的古文,属左右结构。"裹",《说文衣部》:裹,缠也,从衣果声,属上下结构(但"衣"拆形,中间包"果")。因为空间位置和配置方式的改变破坏了字体结构中的相生相克、相辅相成的和谐关系。空间位置与配置方式增强了汉字的表现力,显得更经济。

2. 平衡对称性

平衡对称是自然界的一种普遍现象,是最常见的视觉知觉现象。它同样存在于汉字的形体结构之中,成为汉字构形的又一基本特征。我们认为汉字形体结构中的平衡对称性是指汉字的构形笔画或部件通过某一中介,经过一定变换可以取得一致或相互重合,二者既有异中之同,又有同中之异,凭靠中间环节而保持均势、平衡,包括整体对称和局部对称。

3. 正反对立形

二维方块式和平衡对称性作为辩证思维在汉字形体结构中的体现,主要是基于单个汉字的分析。而对汉字形体结构的研究,显然离不开对汉字系统的考察,正反对立形正是着眼于汉字系统,辩证思维在汉字形体结构中的体现。

所谓正反对立形,即指两字形态上正反对立,或上下相对,或左右相对。上下相对,如杲、杳。杲,小篆写作,

《说文木部》曰:"明也,从日在木上。"杳,小篆写作,《说文木部》曰:"冥也,从日在木下"。左右相对,如"左手""右手"。后来作为一个双音节词来表示这个概念。它们不仅字形正反对立,意义亦相区别对立。

(二)辩证思维在汉字创造中的作用

1. 丰富了汉字的表意内容

汉字是一种特殊的表意文字,每个汉字都有其产生的理据。造字理据通过形体结构可以反映造字之初的文化思想。"整个古汉字群就像是一座巨大的古文化思想宝库,其中蕴含着极其丰富的民族文化史的资料"。汉字何以能够反映如此丰富的内容? 这似乎离不开思维主体在汉字构形过程中进行辩证思维的作用。

辩证思维通常与整体思维联系在一起,"其基本特点是,认为宇宙间存在着普遍的联系。任何事物都与本部内(同行)的事物相联系,同时又与其他部类(异行)的事物相互作用,它们是宇宙总体的一个有机组成部分,受宇宙总体的决定,对宇宙总体发生作用和影响,并使之具体化为一个固定的结构模式"。这种结构模式反映在汉字构形上则表现为"仰则观象于天,俯则观法于地,视鸟兽之文与地之宜,近取诸身,远取诸物"的基本方略,从人与世界的全方位的关系中去体认一切,并在这种关系中灌注以人为立足点的人本精神,借形寓意,由人及物,由"近取"到"远取",由实到虚,近实远虚。

　　孙长雍根据汉字构形的心智特征,归纳出绘形象物、烘托显物、标记指物、借形寓意、符号示意、比形象事、合字会意、加注意符、意义合成等十种有关汉字构形的思维模式。对于所指界域清晰、具体可感、直观成像的事物,或直接绘形象物,或标记指物,而对于所指界域模糊、抽象不可感的概念,则需借用某一具体之物的图形来寄寓抽象概念,把思维主体对于世界的体认和客观存在又具体可感的事物联系起来。例如:"大"字借用正面挺立的人形来寄寓大的概念,"交"字是借用交叉着双腿的人形来寄寓相互交接的概念,"高"字是借用台亭之形来寄寓高的概念,"齐"字是借用麦穗齐整之形来寄寓平正整齐的概念等。如果没有这种辩证思维的作用,汉字的表意也许只能仅仅限于"用简洁的线条笔画把语词所指称的某一具体之物的形体描绘下来,构成一种独立的个体图案,让人一看就能明了它所代表的是什么内容",而无法反映抽象的概念,汉字的形体结构中也就无法深寓如此丰富的文化思想。

　　在这种辩证思维的作用下,声旁和形旁进行有机组合,极大地丰富了汉字构形系统的表意内容。一个声旁可以和不同的形旁组合,一个形旁也可以和不同的声旁组合构成不同的汉字,表达不同之中却有某种关联的概念。

2.强化了汉字的表意功能

　　汉字的创制和发展是一个客观世界的物质、社会内容与人们主观思维认知的撞击过程,决定于社会的需要。

而在汉字发展的过程里,几乎始终同时存在文字分化和合并这两种相反相成的现象。

无疑,汉字分化和合并的主观目的都是为了表意的明朗和准确,但这在客观上更强烈地展示了我们民族辩证思维的发达和在汉字构形中不可替代的作用。

汉字发展的历史表明,人们思维能力的发展是随着社会的发展和认识水平的提高而发展的。主体的思维并没有停止在感觉、印象的水平上停滞不前,而是在绘形象物的基础上进一步对表象与表象的各构成部分分别做了分析对照,然后根据对象的实践关系进行了整合,既突出对象的本质特征,又清晰地再现对象的内在关系。学习汉字始终贯穿着由特殊到一般,又由一般到特殊的认识过程,随着积累的增多,这一认识也在不断深化。

四、汉字与系统思维

现用汉字百分之九十以上是形声字。形声字的表形和表音两个部分都自成体系,形符的作用有:①指示字义;②表示类属,反映了同类事物的共同特点。例如"皿"部的盅、盂、盆、盒、盘等都表示盛器,故在识记这类字的意义时,一般都可从形符入手,系统地进行理解与记忆。

声符的作用也有二:第一,表音,这是大家所熟悉的。同声符的字最初读法是相同的,这一规律至今仍在一部分形声字中保留着,但也有一部分例外发生了音变。第二,表义,这点宋代以来许多语言学家均做了肯定。近代学者梁启超就曾说过:"凡形声之字,不唯其形有义,及其

125

声亦有义。质言之,则凡形声字十九皆会意也。"声符表义也自成系统,同声符的字其义亦同。如从"奄"得声的字皆有"覆盖"之义:淹——被大水覆盖;掩——用手遮盖;腌——用盐或其他用料覆盖或浸泡肉类;罨——罩鱼或鸟的网("罒"是"网"的变形)等。今天有些形声符所表示的意义已不太明显,不容易一下就看得出来。

其实,汉字在声义方面的系列性不单表现在形声字,就是同部首的非形声字(如"皿"部的益、监、盗、盟等)和同声类而非同声符的字也有相同或相近的意义。后者如拷、扣、叩、敲均属溪母,韵母也相近,均有敲击之意。此类例子甚多,不一一列举。

汉字系列化的特点,教会人们去系统思维。汉字教学中的"集中识字教学法",就是这一思维方法的运用。

五、汉字与综合思维

从形音义三者的关系来看,汉字比拼音文字要复杂得多:一字多音、多字一音、一字多义、多字一义以及一字多形(异体)的现象随处可见,至于形近、音近、义近的字更是不可胜数。

学习拼音文字,只需把主要精力花在拼写记忆上,而学习和使用汉字则需调动大脑的全部功能:认识、记忆、储存、归纳、比较、分析、选择、判断、联想、推理等。既要具体思维,又要抽象思维;既要同向思维,又要多向、逆向思维,有时还需要超常规思维。

汉字难学这是大家公认的,正因为难学就需花更多的脑筋,因而更能磨炼大脑。汉字难学的原因之一是由于存在不少违反常规的现象。举个例子说,从"广"的字原都与房屋有关,如庐、库、府、庭、庙、庖等,但由于讹变,有些从"广"的字变成了从"厂",如厦、厨、厕、厢等。又例如从"盧"的汉字简化后大多从"卢",如颅、泸、鸬、鲈等,但有一部分又简化成从"户",如炉、庐、芦、驴等。在这里,规律被扰乱了,系统思维方式被破坏了,这就不得不赖于超常规思维,或赖于死记。

汉字折磨人,是坏事又是好事,它反过来又成全了人的大脑。日本著名物理学家、诺贝尔奖奖金获得者汤川秀树追述自己的学术成就时,就特别提到得益于从小学习汉字。以汉字为桥梁,他广泛地接受了包括老庄哲学在内的中国传统文化的影响。

六、汉字与意象思维

对于汉字的研究必须回到我们的故土家园,回到传统的形,而中国传统哲学的经典概括应该是"一元论"的世界观,二元合一的认识论。而我们通常习惯于主客分离的二元论的思维模式。如人们关于传统思维的某些表述——直觉性、顿悟性、形象性、系统性、整合性等,这种认识陷入了二元论的误区。中国传统思维不是纯抽象的精神活动,而是二元合一的认识过程。古人对于客观世界的认识始终带有一种强烈的主体意识,主体与客体的关系是水乳交融的,在一切认识过程中很难找到纯粹的单一的抽象意念,抽象意念总是用具体形象来表达。这种二元合一的思维模式对于中国人来说具有认识论的意义,笔者且将这种思维模式名之为"意象思维",意象是中国古代重要的哲学范畴,下面予以说明。

意,指主体的思想意识、主观意念、主观情意、精神气韵、事物的本质,总之是主体的思想、认识情感活动,属主观范畴提升到形而上则是指传统的世界观、认识论、价值观、审美观等传统观念。

象,即自然,社会中的客观形象与现象,是认识的对象,客体,属客观范畴。主体(古人)仰观天文,俯察地理,中观人事(社会),观的就是"象",如天象、星象、气象(气即物的本源)、物象、事象、景象、声象、人体的脉象等。

客观存在的象一旦被觉察,就与主人体的"意"结合而成为"意象"。天人合一的世界观认为天、地、人、社会是一个和谐统一的整体,宇宙间万事万物,人的一言一行,一切自然社会,人事现象都不是孤立存在的、单独发生的,是天道、物理以及人性的表现。而天道、物理、人性是同一的(不是统一),这就是主体之"意"。主体观察万象之时,这种"意"即十分自然地与象结合而成为"意象",主体思维过程中一般不存在孤立、单纯、客观的象,而是有意之想,即意、象结合的"意象"。再以意象为材料进一步展开一系列思辨活动,这就是所谓的"意象思维"。

如热心、烧心这两个概念,不是表达"心脏发热""心脏燃烧"的意思,前者表达一种心态,后者是胃酸过多的形象表达。再如,范增对项羽说:"吾令人望其(沛公)气,皆为龙虎,成五彩,此天子之气也。"这里的龙虎之气皆为意象,绝非自然之风云、山中之猛虎、水中之蛟龙。范增通过龙虎五彩之气这些意象来表达对刘邦的判断而言,是一部文学性很强的史书,是一部寓言体的哲学著作。

由此可见,无论一个概念、一种思想的表达,或哲学思考,所运用的都是意象思维。

意象成了传统思维的细胞。每一个汉字就是一个意象,汉字是意象思维最典型的范例——可感性形象与抽象意念的统一体,是主客二元合一的认识论的主观意识与客观形象在汉字中融为一体。所以说汉字不是象形文字,而是意象文字。其"象"为汉字的表层文化意义;其"意"(对形象的概括和抽象)是汉字的深层文化意义。每一个汉字都是"意"与"象"二元合一结构而成。

七、汉字与尚美意识及审美能力

人类知识按其本性而言就是符号化的知识。作为一种符号系统,汉字与拼音文字相比,因其具有音、形、义三者相结合的特殊形式,而具有深刻的美学意蕴,成为打开审美世界之门的开门秘诀。每一个汉字中都有着人类精神和人类命运的一块碎片,它因此被看作是原始文化的移位,成为弗莱所说的超越时间的"集体"性中所潜藏的不变"结构"。

汉字还有一个特别作用,就是能陶冶人的尚美情操和提高人的审美能力。汉字的美主要体现在两个方面:①音韵;②形体。

美是人类童年期的原始体验和信念，汉字的形成与发展与审美体验的作用是不可分割的，人在认识到一种事物，就是在创造出或构造出该种事物，例如认识到神时即创造出神，认识到历史时即创造出历史，同样的，认识到汉字即创造出汉字。遥想造字之初，先民不可能是按照某个或几个尺度或原理来操作，更不可能会有一个造字用字的完整方案，这是一个"摸着石头过河"的漫长的渐进过程。也就是说，造字的先民并不是根据"六书""声韵"之类的原理来操作的，他们所直接面对的只是"对象世界"，是对象世界的"种种个别现象。他们面对这些个别现象，有了描述记录形容抽象的需要，他们自发地按照'美的规律来建造'，从无到有，从少到多，从简单到复杂，从形象到抽象，渐进地发明创造了文字，并逐步完善了文字体系"。所谓"摸着石头过河"就是一个深刻的审美体验的过程，审美体验是连接人与对象的桥梁和中介，这一过程不仅有其美学意涵中的原型阐释，同样也在象与意、形与声之中延续着无穷的生命力。

汉字在发音上几乎每个字都是单音节的（所谓合音字也通常是两个音合成一个音，何况这类字极少），读起来一字一板，音界分明，连接起来抑扬顿挫，易成节奏。另外，汉字一音多调"音域"极广。有人统计，在20世纪70年代编的《新华字典》所收的7406字中，共有无调音节402个，有调音节1262个。由于上述两个特点，古汉字特别适合于韵文写作。中国诗词、楹联形式独特，讲求工整、对仗、平仄、押韵等，以及由此而产生的特有神韵，就是从汉字这个奇特的琴键上弹奏出来的。

汉字是方块状的，字中各个部分的高低、长短、大小、宽窄、直斜、疏密都有一定分寸。汉字书法讲究布局和造型，而且笔法千变万化，易于展示书写者的个人风格，达到形神兼备的境界。篆、隶、真、草、行等几种书体，又为书法爱好者提供了广阔的演练天地，这些都在长期的实践中形成了规律，有其一定的客观的审美标准。

汉字中蕴含着一种人工的美、艺术的美。热爱汉字的人会热爱书法，热爱书法的人也会崇尚艺术、崇尚美。

人类的思维方式分两大类：形象思维和逻辑思维。主管思维活动的大脑左右两个区域是有分工的，左脑主逻辑思维，右脑主形象思维。现代科研成果表明，学习和使用拼音文字偏用左脑，学习和使用汉字左右脑并用。古人称拼音文字为"单脑文字"，汉字为"复脑文字"。由于复脑文字能同时激发左右脑积极活动，故更能发挥大脑的功能，更能有效地提高人的智商。

第三节　汉字文化艺术价值在教学中的实现

一、汉字的文化教育价值

所谓教育价值指的是教育主体对教育活动及其结果

是否满足自己需要的评价和自己的教育需要、理想的对象化。汉字的文化教育价值，则是指汉字文化性教育能够满足教育者进行汉字教育的需要，满足孩子对汉字文化认识的需要，从而使孩子产生对汉字文化的高度认同，并使得汉字文化融入孩子的生命深处，让孩子感受到汉字的神奇魅力，认识到汉字文化承载的意义。

语言文字是人类文化的一个重要组成部分，反映的是一个民族丰富多彩的文化现象。汉字是中国文化的载体，中国文化之所以能一脉相承，源远流长到今天，其中汉字起了极其重要的作用。汉字是记录汉语的文字符号，承载着中国古代科学知识和文化观念，具有很强的文化属性。汉字的构形特点和表意功能很大程度上反映着中国人的人生观念、思想意识、伦理道德、风俗习惯，影响着中国人的思维、认识和智力。教学实际上是一种文化活动，其功能在于文化传递和文化创造。汉字本身就是中国文化的重要组成部分和传播载体，所以识字写字教学必须担负起传承中华文明和提升学生文化素质、培养学生健全人格的重任。识字写字是阅读和写作的基础，是语文教学的一个重要内容。今天探讨汉字教学的文化价值取向，对增进现代学生爱国主义情感和热爱祖国文化，提高综合素质，提高文化品位和审美情趣，逐步形成正确的价值观有着重要的意义。

（一）汉字教学是民族性和民族认同的需要

汉字承载着五千年的中华文明，是中华民族智慧的结晶和无价的瑰宝,汉字在中华民族的整体认同上所起的作用,是世界上其他任何一种语言文字所不具有的。英国语言学家帕默尔在《语言学概论》中认为,汉字是一种程式化、简化的图画系统,它不像西方语言通过口语表示概念,而是由视觉符号表示概念,汉字书写的书面语是独立于口语的各种变化之外的,它不怎么依赖语音,可以克服语言声音的时空限制,汉字的这一特质使它在中国社会、文化的统一中发挥了巨大的作用。汉字具有意识稳定性,并且是维系国家民族统一的巨大纽带,对民族产生了不可估量的凝聚作用。著名语言文字学家安子介在《解开汉字之谜》中写道:"我们靠汉字统一中国,又靠汉字巩固中国。""元朝统治中国近百年,无法用蒙文化代替汉文。清代以来中国不断受外族侵略,但是撼山易,撼汉字难。"今天,华夏民族表现出的超稳定的凝聚力依靠的是一种共同的交际手段,而这种共同交际手段就是全国普遍通用的汉字。五千年来汉字的形态虽然在变,但汉字表意的特性没变。不管汉语的方言如何庞杂,但讲任何一种方言的中国人,都把汉字视为自己的文字。同一概念在众多的方言里用众多的音素表述着,但记录下来的文字符号通常只有一个。对汉字的认同,也就是对中华民族作为一个整体民族的认同。比如中国香港、中国台湾生活中使用各自的方言,无法同大陆同胞进行正常的沟通交流,但他们在书面语中都认同和使用汉字(不管是简体还是繁体),认同汉字所负载的历史文化内涵。

（二）汉字教学是母语情结培养的需要

《语文课程标准》指出，"语文课程应培育学生热爱祖国语文的思想感情""培植热爱祖国语言文字的情感"。每个民族都有自己的"母语情结"，每个人热爱自己的语言文字就是一种热爱祖国的情怀。汉语言文字是人类文化的一部分，是世界上最古老、最丰富、最准确、最简洁、最优美的语言文字。热爱祖国语言文字以及祖国的文化，是热爱民族的具体表现，是一个公民的基本素质。

语文教育是一个情感态度的教育。因此，必须进一步提高中国人对汉字优越性的认识。汉字从甲骨文算起到现在，至少已使用了3600年。汉字的信息量大，据专家测算，在相同时间内，阅读中文的人要比阅读英文的人多获得60%的信息。现在汉字的计算机输入速度也远远超过英文，有专家预言，21世纪将是汉字发挥威力的时代。英国科技文明报道专家迈克·克鲁斯先生就认为，相信总有一天，全世界的人将必修汉语，并以汉语语音来声控计算机。因为汉语只有400多个基本音节，这远远低于英语的1万个以上的音节，且汉字音节清晰易于辨别。汉字的简明和高信息密度及表意特点使它成为世界上最成熟的语言，同时也是最智慧的语言。识字教学，是1—2年级语文教学的重点。通过识字教学，培养学生从小热爱祖国语言文字的情感，增强对汉字优越性的认识，使学生由"喜欢学习汉字"，到"对学习汉字有浓厚的兴趣"，进而达到"主动识字写字的愿望"（转引《语文课程标准》)。

(三)汉字教学是继承与创新教育的需要

培养学生的创新精神是实施素质教育和提高语文素养的核心和重点。创新是有条件的,创新教育的前提是继承传统。没有人类社会发展积累的丰富历史经验,教育就没有其存在的物质和精神上的基础。抛开民族的文化传统去奢谈创新,那只能是空中楼阁。从甲骨文、金文、篆文到隶书、楷书、行书,从古文字到今文字,四千年的汉字演变史,就是在传统的基础上不断创新演变的过程。中华人民共和国成立后,国家对汉字进行了规范和简化,大大提高了汉字书写和输入计算机的速度,但汉字表意的特性始终没有改变,汉字将不断走向科学化、艺术化和信息化,将始终保持着强大的生命力。同样,我国古代的蒙学识字教材从西周的《史籀篇》到汉代《急就篇》到后来的《三字经》《百家姓》《千字文》等随年代的递进也渐趋丰富化、条理化、系统化,这也是一个继承与革新的过程。在继承我国古代识字教学的优良传统基础上,中华人民共和国成立后,识字教学改革实验取得了很大的成功,人们总结出了集中识字、韵文识字、字理识字等数十种识字教学方法,均取得了很好的教学效果。教育的基本目的之一是使前人创造的文化传统得到后人的认同和继承。我们的教育要培养具有创新精神的人,一定要在传承文明基础上培养。所以,汉字教育也是继承传统和创新教育的需要。

（四）汉字教学是艺术审美教育的需要

汉字审美指学习者能够发现、欣赏汉语言文字的形体美、音韵美、修辞美。"新课标"对汉字审美教育是有层级要求的。汉字审美由"初步感受汉字的形体美"到"在书写中体会汉字的优美"，再到"体会书法的审美价值"，由低往高发展，这是过去的语文教学大纲所未有的。汉字是在自然物象的启迪下"依类象形"而来的，"六书"中的象形字就是典型的例子，其他五种构字法，推本求源也是"象形"的。正是这种"象形"性决定了汉字是审美型文字。汉字的笔画形态来自图画又美如图画。书法家笔下的汉字更能使人获得视觉上的美感。汉字图像性多变的形体，加上书写工具的不同、笔墨运用的变化、书法家的个性风格，使字体显得千姿百态、神态飞扬、气韵生动，形成世界上独一无二的书法艺术。古人说得好，汉字之"横"，如"列陈排云"，有庄重之美；"点"，如"高峰坠石"，有飞驰之美；"竖"，如"万岁枯藤"，有苍劲之美。而整体的方块造型更是美不胜收。书法艺术与音乐、雕塑、绘画一样，已成为人类文化结构的一部分。因此，汉字本身就是一种美，是对学生进行审美教育的很好素材。

（五）汉字教学是心理智能完善的需要

识字写字的过程有利于学生个体身心和谐的发展和心理智能的完善。表面上，汉字不过是一个符号，但在其背后，反映着中国人的情感、习惯，影响着中国人的思维、认识和智力等。

比如,汉字引进外来词时以意译为主,很少音译,这符合汉族人文字使用上的习惯,总觉得音译用的汉字不表意只表音,夹杂在文章中也很别扭。比如,我们喜欢在一些音译外来词的表意字上加上表义符号,"目宿"就变成了"苜蓿","师子"变成了"狮子"等。正如著名语言学家张世禄所说,中国文字的性质只是一种"目治"的意义符号,一种习惯上的意符。这使汉字在根本上有别于拼音文字。汉字的音化是在意化的框架内形成的。同时,汉字这种象形文字系统其超稳定的延续对中国人的认识机制、思维特点、智能结构产生了直接的影响。中国人在认识世界时,总是直观地把握世界,使得汉字对发展人的想象能力、形象思维和创新能力,均有着较强的功能。"新课标"也指出"语文课程还应考虑汉语言文字的特点对识字写字、阅读、写作、口语交际和学生思维发展等方面的影响"。中国人重领悟、轻分析的认知方式也与汉字象形符号系统的建立和延续有很大的联系。多项研究报告指出,中国学生的智商大大超过欧美学生,其中一个重要的原因,就是学习汉字对开发右脑,并促进左右脑协调活动具有独特优势。美国有人曾对中国留学生为何数学成绩出类拔萃进行了研究,结论是汉字学习对学生直观性、系统性和逻辑性的培养比起拼音文字来更具优势。

（六）使用汉字的符号功能,体现学生语文思想的冶炼作用

汉字起源于语言,没有语言就没有汉字。众所周知,

语言是一种符号,因此,汉字也是一种符号,而且汉字应该是符号的符号了。语言作为符号应有的功能,汉字基本上也具备。语言作为符号,具有施指和所指的功能,也就是用这个名字代表这个事物。同样,汉字也是具有施指和所指的功能,比如用"马"来代表马这种动物。正如语言学会探讨为什么用"ma"这个发音符号代表马一样,汉字学也会探讨为什么用"马"这个符号代表马这个动物。研究表明,几乎所有的汉字都是一种图画,只是依据写实性图画、写意性图画及象征性图画,才逐渐发展出了指示、会意、形声字。研究字源学,我们可以看到,正是因为汉字的图画性,才能够使得汉字包含无限量的信息,几乎涵盖了汉字产生时代人类生活的各个方面。让孩子们在学习汉字的同时,根据他们的年龄特点和心理特征,多了解一些以上内容,能够激发孩子们学习汉字的兴趣,进而激发他们学习语文的兴趣,这是毋庸置疑的。

(七)汉字的言语功能,对学生口语交际的推进作用

毋庸置疑,人类是用声音来表达意义、进行沟通的。但语言学家们一直在观察,自文字产生后,人类的口头交往有没有发生变化。心理学研究证明,当人还没有接触文字的时候,便是以形象进行思考的,而用形象进行思维具有间断性和模糊性,因此,婴幼儿的言语一般表现为打字机式的特征,他们无法连续清晰地表达一个意思。一个成人,如果没有学过文字,其思维及认识事物的能力也

一定会有所欠缺。儿童哲学认为,婴幼儿的状态就是人类的童年时代。可想而知,当古人还没有创造出文字时,他们的交际能力也一定不会通畅。从某种角度来说,文字也是人类对事物命名达到了比较精密程度的产物。在文字中,汉字又有自身的特点。由于汉字是对事物直接或间接的形象描写,具有图画性,所以汉字所传达的信息比一般线性文字要多得多。

现代语文教学的一个显著特点,是采用普通话的形式教学汉字。从某种程度上讲,汉字学习已成为推广普通话的有效手段,甚至学习汉字就代表了学习普通话。反过来,当学生的普通话达到了一定水平之后,他们自然便能用汉字进行思维。心理学研究表明:思维本来是一团糨糊,是很不清晰的,但当我们学习了某种文字后,思维在一定程度上就受到了文字的影响。当学生讲普通话的时候,汉字语音的抑扬顿挫能够活跃学生的思维。汉字作为方块的整体感,能够促进学生综合思维能力的发展;汉字的图画性又能促进学生的形象思维的发展。

(八)汉字的文章功能,对学生书面理解的辅助作用

范多伦和艾德勒教授合著的《如何阅读一本书》中曾提出:每一篇文章都有一两个关键的字起着灵魂的作用,解读这一两个字就能发现这篇文章的奥妙所在。汉字也具有同样的文章功能,而且从某种角度上讲,抓住汉字的

音形义及字源,甚至可以巧妙地解读一篇散文,一首诗。复旦大学葛兆光先生在他的《汉字的魔方》中认为,古诗的解读可以超越作者生平、创作背景,而直接根据汉字本身的特点来解读。他认为,汉字的充分视觉性、图画性和汉语非直线性组合的特征是诗人直接接触与描述世界的天然质料。诗人的思绪犹如儿童,因为他们的思维都淡化了逻辑,而富于跳跃性——所以汉字块状的拼合与语法的简略松散恰好是诗人思绪的直接呈现;汉字构成的诗句由于词汇间的"脱节""颠倒"所引起的奇异,恰好是启发读者"纯粹默想""神游诗境"的手段。汉字可以由诗的建筑师随心所欲地挪来移去,它那似乎漫无头绪的"积木"尽可等待诗的设计师天马行空地任意设计"八宝楼台"。

（九）汉字的社会功能,对学生意识形态的形成作用

我们知道,文字最常见的有两种形式:①拼音文字;②方块汉字。拼音文字对应的主要是语言抽象的物质层面——音素;而汉字则主要对应的是语言的具象的精神层面——意义。表音和表意不是一种纯偶然的历史选择,而是不同的文字主体及各民族人民将自己的文化传统、实践力量赋予它的结果。更重要的是,汉字是世界上唯一现存的未受外来文化影响的古老表意文字体系,直至今日,汉字形体那种"视而可见,察而见意"的具象感仍在一定程度上影响着我们的子子孙孙。汉字作为一种象

征性表意符号,它始终和民族的经验世界、精神世界保持着自然的联系。这种联系使汉字与华夏文明结成了一条割不断的纽带。可以这样说,汉字就像一条看不见的魔线一样,把言语不通、风俗各异、血统迥然的人民的心声"缝"在了一起,成为一种自觉的中国人。让学生了解汉字这样的社会传承功能,具有现实意义。仔细分析一个个汉字,我们就能让学生逐渐感受到中华文化的精髓。比如"仁"字,由"人"和两横组成。相同的两横表示相同的东西整个字的意思是"人都是一样的",由此产生应平等对待所有人的含义。"仁"是儒家学说的核心内容,孔子说"仁者爱人",真正体现了中国人的博爱精神。可以说,中国的汉字体现得最多的,就是这种对世界的认识、对人的认识。

另外,当我们书写汉字时,我们也能强烈感受到汉字结构中所蕴含的中华民族的意识形态,这就是汉字结构的一种投射功能。汉字不仅在书法造诣上体现着中华民族精神,更在书写的过程中体现着民族思想。

可以说,汉字凝聚了中国人的思想,体现了中国人历史悠久的历史形态。这也使中华民族在风云变幻的世界格局中,一直能够岿然不动地屹立于民族之林。[①]

二、汉字教学存在的误区

文化人类学认为,人之所以称为"人",主要是人拥有

---

① 李晓愚. 中华文化故事·汉字的故事[M]. 南京:译林出版社,2019:54.

一套除人与动物共有的"感受系统"和"效应系统"之外的"符号系统",人因为有了符号系统,才促进了思维的发展,并进而产生了人类文化。而"文字"就是这套"符号系统"中重要的组成部分,任何文字都具有一定的文化性。那么,积极研究汉字教学,对孩子进行汉字的文化教育,则是语文教师必尽的责任。然而,纵观当下小学语文课堂中的汉字教学,"平面化""功利化"的倾向仍然严重。

(一)汉字教学的"平面化"倾向

所谓"平面化"的汉字教学,是指就汉字讲汉字,就汉字的现有形式进行表象式识记,教学方法简单。比如"品"字,在教学时,很多教师只是根据字形随便编一则顺口溜"三口就是品";再如教学形声字,教师则崇尚根据"形旁""声旁"让孩子直接识记,汉字也就显得没有情趣。

(二)汉字教学的"功利化"倾向

所谓"功利化"的汉字教学,就是过多强调汉字的实用功能,注重识字的数量,认为多识字便能早阅读,甚至有的语文教材也采用这样的编排体系,在低年级安排了过多的识字课,教师教学也就只能匆匆忙忙,无法真正进行有意义的"汉字教学"。

以上两种倾向都严重忽视了汉字的文化教育价值,无法让孩子感受到汉字的魅力,不能让孩子对汉字产生兴趣。雅斯贝尔斯认为,所谓"教育",就是对灵魂的一种唤醒。缺失了汉字的"文化教育价值",是无论如何也不能从灵魂深处唤醒孩子对汉字的渴望和热爱的。

(三)识字教学被简单程式化

"导入新课—作者简介—检查字词—初读感知—再读品味—合作探究—拓展延伸—布置作业",这是老师们常用的教学流程,其中"检查字词"这个环节通常"理所当然"地放在了阅读之前。当我们在不停地按鼠标一个接一个出示字词与拼音的时候,很少有人会去思考:这蜻蜓点水式的检查对于实际的汉字积累又有多大的作用呢?学生大声齐读两遍之后。可能不少同学还根本不能给这些词准确注音,更不用说准确无误地书写与运用了。

(四)识字教学被机械强制化

大多数教师的理念中,"识字教学"就是要在学生阅读课文之前扫清文字障碍,弄清字音字形,理解词义。考试时要能根据拼音写汉字或给加点字注拼音。所以,在学生借助工具书查阅,让学生弄清疑难字词之后,就会安排学生课后抄写生字词,然后通过听写检查。学生在听写时,字音字形容易弄混,老师们有没有去想:学生为什么总是喜欢将这两个字弄混呢?怎样才能让学生牢牢记住这两个字,准确无误地运用这两个字呢?

那么,如何让识字教学真正有效,不再成为语文课堂教学中的"应景之作"呢?教学实践证明:汉字随文教学是一个不错的选择。

三、汉字的文化教育价值在教学中的实践路径

那么,在语文教学中,如何体现汉字的文化教育价值呢?汉字,作为一种人类历史文化发展的产物,具有以下几种使用功能:符号功能、言语功能、文章功能和社会功能。下面,就以上四种使用功能,探讨汉字的文化教育价值在教学中的实践路径。

(一)以汉字的符号功能实现对语文思想的冶炼作用

根据孩子的年龄特点和心理特征,让他们在学习汉字的同时,多了解一些以上内容,能够激发学习汉字的兴趣,进而激发学习语文的兴趣,这是不容置疑的。比如教学"白日依山尽"一句古诗,关于"依"字的理解,很多教师都是直接让学生查注释,得出"依靠"的意思。而"依"和"依靠"仍然只是两个孤立的意符,为什么是"依靠"? 在诗中"依"又有什么样的内涵? 依然无果。在教学这首古诗时,教师出示"依"的古文字,告诉学生,左边是一个"人",右边是衣服的"衣",衣服总是随着人移动,于是"依"就有了紧紧挨着、靠着的意思。在这里,孩子们不仅理解了"依"这个汉字字符的意思,更重要的是,这个字符还为孩子们提供一幅整体的场景。这个字在孩子们的心中也绝不是一个孤立的抽象符号了,它带上了温度,融入了古人的生命。其实,紧紧依靠在一起的事物是很多的,但我们的古人为什么选择了"人"和"衣"呢? 细细研究这

个汉字,我们便能了解到,古人对衣服是如此的"依恋",当一个原始的古人突然穿上了一件衣服,这件衣服紧紧裹着他,他突然间感到了温暖,突然间有了一种安全感,这对他来说是一件多么欣喜的事情。这样的教学使孩子立即想象到了人类的童年,一种对汉字符号的认同感,对人类文化的认同感一定会油然而生。这无疑冶炼了孩子们的语文思想,深深激发起孩子们对语文学习的兴趣。

(二)以汉字的言语功能实现对口语交际的推进作用

如果我们采取"平面化""功利化"的汉字教学方式,汉字只是一个个没有生命的符号,那么这样所学的汉字也只能像一块块石头一样,是不能对孩子思维的丰富性与深刻性起到提升作用的。汉字理论中有"一个汉字就是一个故事"的说法,事实上确实如此。比如一个"大"字,如果简单地对学生讲"大"是与"小"相对的一个字,再从"大"字的平面形状进行解释,"大"很像一个人尽力伸开四肢的样子,仿佛也可以解释"大"的意思。但这样的解释显然有点儿"望字生意"的意思,并不能增加孩子对"大"的信息量。有一位特级教师在讲解时,首先出示了"大"的古文字,让孩子们想象,为什么这个古文字代表"大"?然后教师因势利导,这个"大"字起初表示活动的人,像古文字大的形状一样活动的人,力量自然很大,然后引申为"大"人,自然就与"小"相对,但这个字并没有表示到底在进行什么活动,所以这个字与别的字搭配又引申为"大概""大致"的意思。这样这个"大"字便能在孩子们心目中形成饱满的印象,能通过这个"大"字理解一连串的意思,掌握一连串的词汇。这样自然增进了孩子们口语交际的词汇量,从而提高了表达的精确度。

我们经常遇到一个孩子明明学过一个汉字,但在具体交际的时候,却不能及时应用的现象,比如,刚学过"桌"字,笔者就发现有的孩子在交际时,还是用"这个"来代替。这一方面与孩子们没有形成即学即用的习惯有关,但另一方面,从思维深层次上讲,也应该与孩子们还没有真正理解"桌"这个字有关,因此印象不深。

根据相关研究,一个成人从说方言到进入普通话领域主要存在以下方面的一些转变:第一,是口腔发音方式的变化,这种变化使得他找到了一种规范正统的感觉;第二,在使用普通话的过程中,他吐出的是一个个汉字的读音,汉字的四声使得他体味到了一种语流的美感。当他能够使用普通话与不在同一方言区域的人交流时,他仿佛与另一个人形成了一种精神的融通。在我们的教学活动中,我们已经能够发现,当下孩子已经能够广泛使用普通话,这使他们对情感的表达,对事物名称的表达更加精确,孩子们在交际时,其思维和精神状态确实与说方言土语有明显的变化。

（三）以汉字的文章功能实现对书面理解的辅助作用

有对汉字有深入研究的教师便尝试利用字源教学古

诗。比如《游园不值》这首诗,学生遇到的问题首先是"值"的理解。"值"为什么表示"遇到"? 为什么不是今天所理解的"值得"。我们的思考方向有如下三个:①"值得"和"遇见"这两个意义是不是同时代产生的,如果不是,谁在前面? ②如果是同时产生的,是不是当时宋代有专门表示"值得"的词语,而不是用"值"? ③如果没有专门表示"值得"的词语,那么,是不是语法上有限制? 查阅字源便知道:"值"表示"遇到"的意义在《庄子》(战国)中就有记载,"值得"的意思在清代才出现,这首诗的作者是:宋朝人,所以"值"当然是"遇到"的意思。这个"值"便一定程度上有着古诗的诗眼,教学者可以围绕这个"值"来理解古诗的意思:没有遇到是什么心情? 但后来为什么还专门写成了诗? 作者最终是什么心情? 另外,我们还可以让学生思考,为什么诗题不用"游园不遇"? 这里,让孩子们结合"值"的原初意义便自然理解。"值"的原初意义便是"价值""相当"。在诗题中用"值"自然也暗含着"值得"的意思,这应该是对诗句含义的一种暗示和悬念。当然,我们可以结合汉字的起源对这首诗进行了解,比如"怜""屐齿""扣"等,我们无须了解作者,也无须探讨这首诗的写作背景,仅根据这些汉字密码,便自然能感受到这首诗的深刻意蕴了。

在书面理解中,我们甚至可以用汉字的音韵特点理解某一个句子甚至某一段落所体现的情绪,比如"ou"音字较多的句子或段落都有忧伤的感觉,一般"ao"音字较多的句段会有种明亮的感觉等。这样经常讲解,让孩子边理解边品读,久而久之,便能形成一定的书面语感,乃至在自己作文时也能按照汉字的音韵进行遣词造句,从而使所写出的文章表现力更强。

(四)利用数字媒体实践汉字文化教育

1.多传播平台的开发

随着人们生活条件的富裕,电脑也渐渐像手机一样普及到寻常人家。加上宽带网络基础设施的不断健全、宽带资费的下降,更大屏幕、互动性更强的电脑逐渐代替了电视。人们也慢慢习惯了在电脑上办公、学习。但是在电脑上人们能用来学习的应用程序和网站却非常少。其中少有的几个网站分别是"六一儿童网""网络孔子学院"是比较大的汉字网站。相对于互联网上其他方面内容来说,汉字文化教育这方面的网站和应用是非常少的,且有部分网站是在政府支持下建立的,民间并没有多少优秀网站。可见,我们对于汉字文化教育需要我们大家重视。除了电脑以外,电视也有改进空间,我们可以通过制作系列动画,普及中国汉字文化,系统地给大家科普更多的传统文化知识。在动画中也不要一味地模拟传统,用老旧的教育方式,可以加入现代的元素,吸引新一代的目光,但要把握好度,不能弄得不伦不类。另外,湖南电视台的《汉语桥》节目模式比较好,综合多种娱乐模式,比赛内容也包含汉字、成语、歇后语、中国传统文化故事等。在未来,我们可以参考电视娱乐节目模式比较成熟的湖南电视台的经验,为国人奉上更多的优秀电视节目,鼓励、吸引更多的国人去学习中国传统文化。电视节目和动画基本能给幼儿、老年这两大人群很好地普及汉字文化,青少年和中年人则可以用手机、电脑进行汉字文化的学习。合理分析不同应用人群特点,制定特定的方案,这样才能使不同人群都方便地学习汉字文化,营造全民学习传统文化的氛围。

2.传播内容的改进

在现有的媒体中有关汉字文化教育的传播内容有很强的固定性,大多固定在汉字幼儿教育、汉字文化对外普及上。传播内容浅显没有深度,相关应用、视频等也是以辅助传统课堂为主,帮助应用者强化练习,真正的学习性不强。因此,汉字文化教育在传播内容上,应该加入更多的中国传统文化深层次的内涵。如汉字相关APP中,我们除汉字笔画练习外,还可以加入象形汉字的演变、形声字不同部分的含义和组合意思和不同字体简化对比的动画效果,丰富其应用中的字体库,使观众可以学习和练习。

3.制作出质量高的游戏软件或学习软件

提笔忘字已经成为很多人的普遍情况,可见在汉字教育方面并不是没有意义,同时也反映出了我们对经常使用电子产品的这部分青年、中年的汉字文化教育方面重视不够。但问题是这部分人多已步入社会工作,并没有完整的时间去重新学习。针对这类人群我们要制作出

质量高的 **APP**，并以游戏的方式鼓励大家在娱乐中学习。但是这种游戏不能过于简单或无趣，可以参考现在比较流行的两种游戏模式：一种是利用朋友圈发起的"互相挑战"类，如现在比较火爆的"拼步数""拼闯关数"。大家看到身边人都在玩某些东西也会不自主地想去试一试，同时也要设定学习内容，使人们能在娱乐中学习到知识。另外一种方式可以参考各种"方言等级考试"这种地域性的学习，可以在不同地域设定不同相关汉字文化教学内容或把不同工作领域的专属名词编入游戏。同样是游戏，每个人吸引身边的人进行互动、学习。另外，还可以应对这部分社会主体人群，制定相应的拔高类学习软件，让人们能领略汉字、汉语的更深层次的魅力。

（五）以汉字的社会功能实现对意识形态的导向作用

我们知道，文字最常见的有两种形式，一种是拼音文字，一种是方块汉字。拼音文字对应的主要是语言的抽象的物质层面——音素；而汉字则主要对应的是语言的具象的精神层面——意义。表音和表意不是一种偶然的历史选择，而是不同的文字主体即各民族人民将自己的文化传统、实践力量赋予它的结果。更重要的是，汉字是世界上唯一现存的未受外来文化影响的古老表意文字体系，直至今日，汉字形体那种"视而可见，察而见意"的具象感知仍在一定程度上影响着华夏子孙。汉字作为一种象征性的表意符号，它始终和中华民族的经验世界、精神世界保持着自然的联系。这种联系使汉字与华夏文明结成了一条割不断的纽带。可以这样说，汉字就像一条看不见的魔线，把言语不通、风俗各异、血统迥然的中华儿女的心声缝合在了一起，成了一种中国人的文化自觉。帕默尔曾说，中国丢弃汉字之日，就是中国人丢失文化基础之时。

让孩子了解汉字具有的独特的社会传承功能，具有深远的现实意义。仔细分析一个个汉字，我们就能逐渐让孩子感受到中华文化的精髓。比如"将"这个字代表的意思是"分木箱子中的肉"的人，由此产生首领的意思。这里蕴含着"体恤""仁爱"之意，让我们知道了古代造"将"字时，依据的不是发号施令，依据的是分发食物。分析诸多汉字，很多都与食物有关，这充分体现了中国人"民以食为天"的哲学观念。

需要强调的是，当我们书写汉字时，也能强烈感受到汉字结构中所蕴含的中华民族的意识形态，这就是汉字结构的一种投射功能。比如，"林"字，第四笔必须写短一些，变成"点"，这充分体现了一种礼让。在世界文字书写中，除了汉字，没有一种文字的书写提出"端端正正写字，方方正正做人"的精神要求，汉字不仅在书法造诣上体现着中华民族精神，更在书写过程中体现着民族思想意识。

第五章　汉字文化与高中经典阅读教学实践

第一节　汉字文化与经典阅读内容的具体联系

一、什么是汉字文化观照系统

笔者主张在高中文言文阅读教学中建立汉字文化观照系统。为了清晰地理解这个概念，让我们从一篇文章的写作意图说起。

《五人墓碑记》一文，有关张溥的写作意图，一般都认为"述死者生前的事迹兼述悼念、称颂之情"，比较权威的说法有如下几个点。

第一，朱东润主编的《中国历代文学作品选》下编第一册在题解中说："本文通过对明熹宗天启七年（1627）苏州市民抗暴运动的叙述，歌颂了苏州市民不畏强暴，不怕强权，敢于向恶势力斗争的精神，表现了作者对被杀害者的敬仰与悼念。"刘世德在《明代散文选注》中的解说，亦与此相类。此说亦为王彬主编的《古代散文鉴赏辞典》所承袭并有所发挥："当时年仅二十六七岁的张溥曾目睹此事，在这场轰轰烈烈的斗争中，他受到了很大的激励。为了表达对死难义士的敬意，一气呵成，写成此文。"

第二，北京师范大学出版社出版的《高中语文教材新探》第二册的解说："本文是一篇政治性很强的悼念文章。它以'义'字为纲，从四个方面热情歌颂了五位义士不畏强暴，反抗阉党的英勇斗争，是一曲讴歌正义的赞歌。"

这些权威的解说基本上认为作者的写作意图是为了"表达对死难义士的敬意"，"激于义而死"是《五人墓碑记》中众位义士名扬千秋之原因所在。但我们如果从"义"字的文化内涵入手，追本溯源，你会发现张溥的写作意图不仅在此。

中国传统文化中的"义"的精神内涵大致可以归纳为以下三种：①具有普世价值的"伦理之义"，如社会正义、天下公义、公正、平等、心忧天下等。②具有政治意义的"道统之义"，即一定社会所应遵守的行为规范与道德价值的原则和标准。③具有个人色彩的朋友义气和情谊的"江湖之义"，如互帮互助、扶危助困，有福同享、有祸我当等。《五人墓碑记》之"义"也有三个维度。五人之义，"江湖之义"是主流。苏州抗暴，广大苏州民众的表现应该属于"伦理之义"。而作者张溥心中的五人之"义"，掺杂了明显的政治因素，更倾向于"道统之义"。那么，张溥为什么要把五人的"江湖之义"升格为"道统之义"呢？这里显然有他写作的真实意图，"五人墓碑记"的背后其实是"应社伸义记"。

因此，当我们探究了"义"字的本源，参照了它在传统文化中的精神内涵及其历史演变时，我们也就获得了对《五人墓碑记》一文的全新的、更为深入的解读。这就是汉字文化参照，汉字是历史的镜像，是中国文化的独特的"思维"和"情感"的载体。汉字中蕴含着中国古代的物质文化、制度文化、精神文化。复旦大学中文系申小龙教授认为汉字的示源表意之中，有共同的民族起源记忆、共同的生活方式和知识经验、共同的世界图景、共同的价值观、共同的思维方式。所以，反过来说，当我们通过阅读汉字了解中国文化时，其实我们完全可以先通过汉字文化来观照汉民族的文化和心理。

所以，观照中国的汉字文化在创作、审美的过程中可以成为"先验"，是"先天"的、"超验"的、固有的思维倾向。这种思维倾向，如果从中华文化的发生发展学角度出发，几乎可以考察到中国记忆、中国思维的原点。

目前，我们的文言文教学只把汉字作为难以理解的文言表达来看待，停留在辨析古今意义的差别用法的特殊上，远远没有上升到汉字作为汉民族的集体记忆的文化作用。因此，文言文阅读应该回归文言文的属性，充分利用汉字的示源功能，在汉民族独特的"思维"和"情感"中建立起汉字对于文言文阅读的观照体系，自觉地反身站在汉字文化的角度来审视作品的内涵。①

①虞秋婵. 高中文言虚词教学探究 [D]. 金华：浙江师范大学，2016：26.

二、建立起文言文阅读的汉字观照系统

要实现汉字文化观照体系对文言文阅读的有效指导,就要建立起文言文阅读的汉字观照系统,首先要明白汉字文化观照的内涵。

第一,汉字文化观照体系是充分利用汉字的示源功能,即充分利用带有中国记忆、中国思维原点的汉字文化,建立文本阅读的"先有""先见""先识"的"先结构"意识,让理解者个人的存在在解释过程之中敞开,帮助"透视""审视""探究"作品的内涵。

第二,汉字文化观照体系是一种阅读自觉,是阅读视角的选择,属于阅读的方法论范畴;同时需要训诂学的基础,是把文字学知识运用到文言文阅读中,不是把古汉语的训诂体系搬到高中语文课堂。

第三,这个体系局限于承载汉民族主体文化的汉字中,但不是汉字的全部。通过对表现文本之"质"的汉字的发生发展的梳理,来探寻作者的写作目的价值追求,这既是为文者的责任,也是对为文者的道德要求。而内容也是有规定性的,这些规定的内容便是中国固有的传统文化,而这些文化就蕴含在承载汉民族主体文化的汉字及其文化内涵中,体现了作者的价值追求,从而构成文言文本思想内容的解读目标。

那么,哪些汉字是表现文本之"质"的汉字,能进入文本阅读的汉字文化体系呢? 笔者认为体现文本之"质"的汉字与文本的思想感情是有区别的,比如《五人墓碑记》

蕴含在字里行间的感情是一个"哀"字,但"哀"的背后支撑士大夫价值追求的是一个"义"字,这是两个层面的内涵。《国语·周语下》载单襄公论文王之"质文"指出,其"经之以天,纬之以地。经纬不爽,文之象也";而其"质"则是"敬""忠""信""仁""义""智""勇""教""孝""惠""让"等种种美德。因为文源于道,《韩非子·解老》云:"道者,万物之所然也,万理之所稽也。"天地万物无不得之于道,圣人"得之以成文章"。此道为事物本然之理。陆贾《新语·慎微》云:"是以君子居乱世,则合道德,采微善,绝纤恶,修父子之礼,以及君臣之序,乃天地之通道,圣人之所不失也。故隐之则为道,布之则为文。"此道为儒家人伦教化之理。可以说,"道"即文之"质",那么可以明"道"的汉字即体现文"质"的汉字。

以苏教版高中语文教材中的文言文为例,文章之"质"的汉字是:生、性、均、安、和、政、民、道、德、爱、利、贤、勇、义、行、谨、礼、让、美、命、孝、忠、成、节、圣、物等。这些汉字几乎是儒家政治、伦理、人格思想的核心,也是道家哲学的核心概念。这些"质"性的汉字文化已经深深地刻在中国古代士大夫的精神生活中,并与具体文本对接,互现互证,相互照应,从而构成了中华民族的文化血脉,自然地构成文言文本思想内容的解读目标。

三、实现汉字文化观照体系对文言文阅读的有效指导

要实现汉字文化观照体系对文言文阅读的有效指

导,笔者认为要充分运用国文中的中和思想,让能起到观照作用的汉字文化通过本义与引申发展义的比较,实现对文本思想价值追求的理解。

如《始得西山宴游记》记叙了作者发现和宴游西山的经过,描写了西山的怪特,抒发了内心的感受。一般的分析可能到此为止,但我们如果运用汉字文化的观照作用,就会对文本的理解获得全新的体验。文本的中心句是"心凝形释,与万化冥合",关键词是"合"字。这个字就是文本之"质",是作者的价值追求,也是文本思想内容的解读目标。"合"是一个常用字,它的原始字形是"象二物相合形"。那么,文本中的"二物相合"指的是哪两个"物"的"合"? 笔者以为有三个层次。

第一,是山与人契合。西山的特点是"特立",在这里,柳宗元看到了自己的影子,那是他理想的人格表征。西山很高,"则凡数州之土壤,皆在衽席之下";西山很雄,其下众山"岈然洼然,若垤若穴";西山所见很广,"尺寸千里,攒蹙累积",远近景物重叠压缩尽收眼底;西山所见很远,"萦青缭白,外与天际,四望如一"。凡此种种手法,烘托的无非是西山之高峻,然后以"知是山之特立,不与培塿为类"一句,指点西山之"特立"。实际上,柳宗元所描写的西山一带,只是一般的丘陵,并非崇山峻岭,那他为何不惜篇幅,从各个侧面、各个角度详写西山的"特立"呢? 因为西山正是他傲世蔑俗的写照。西山高峻怪特,与四周众山自是不同,而柳宗元本人也是洁身自好,不屑与世俗为伍；西山长期不被人了解，却能永葆特立，柳宗元远贬永州，不为朝廷所用，却也不改初衷。这就是山与人的契合点，山即人，人即山，柳宗元之于西山，产生了惺惺相惜之情。

第二，是人与万物融合。柳宗元在西山上所见，"悠悠乎与颢气俱，而莫得其涯；洋洋乎与造物者游，而不知其所穷"，好像自己与天地之间的浩然之气融为一体，又仿佛与天地同游，悠悠无际，漫漫无涯。这种融合使柳宗元"引觞满酌，颓然就醉"，不知时间之流逝，直到暮色四合几无所见"而犹不欲归"，这与之前游众山的"觉而起，起而归"形成了鲜明的对照。形而上的西山让柳宗元感到了"心凝形释，与万化冥合"，之前不安的、恐惧的、愤懑的心情消失了，取而代之以一颗平静、安宁的心，达到了物我两忘、与万物完全融合的境界。

所以，文本中的"合"字指的是柳宗元思想的整体融合，是一种中和的人生境界。"合"并非对立双方的简单附和与结合，而是事物产生的前提，是事物生存与发展的最佳条件，是人类共同生活的准则。荀子指出："天地合而万物生，阴阳接而变化起。"《荀子·礼论》王充云："天地合气，万物自生，犹夫妇合气，子自生矣。"（《论衡·自然》）正是天地、阴阳、雌雄、男女等各种不同或对立的要素与事物和合，才能生成和转化出新的有机统一体，即新的事物。因此，"合"是万物昌盛繁衍不已、不断创新的前提，于是就有了第三层次的人与精神的契合。

再看文本，西山不仅接纳了柳宗元，抚平了他受伤的心，还给了柳宗元精神上的滋养，给了他前行的力量与勇气。"万化"蕴含了道家委运乘化的思想，庄子说过："天地与我并生，而万物与我为一。"（《庄子·齐物论》）既然天地万物都可以与"我"合而为一，那么世间的穷通显达、荣辱得失又算得了什么呢？又何必放在心里呢？道家的逍遥精神消解了柳宗元的沉郁，排解了他内心的包袱，使其重归平安。而"颢气"，即孟子说的"浩然之气"，又蕴含着儒家正道直行的精神。"其为气也，至大至刚以直养而无害，则塞于天地之间。其为气也，配义与道；无是，馁也。"（《孟子·公孙丑上》）浩然之气是天地正气，是宇宙间的至大至刚之气，它集义所生，如善于培养，可充塞于天地之间。人若拥有这浩然之气，可与天地同游，与万物同体。眼前特立着的西山使柳宗元找到了精神上的支撑点，使他能俯视尘间的纷扰，鄙夷人间的宵小，笑对尘俗。所以西山砥砺了他的志节，让他既有了委运乘化的思想，又能永葆胸中的浩然之气，从而完成了人生理想的救赎。

通过对"合"的三个层次的解读，也就完成了文本的深度解读。运用汉字文化的观照解读文本，讲求的是以古对古，从汉字文化发生发展的角度切入文本，既运用了中国传统文学批评的综合性、整体性思维，又运用了结构主义所强调的两极之间的区分和差异，即所谓分析性思维，使得文本解读具有完全的本体论意义。

第二节　经典阅读阐释与文化知识辩证应用

明"道"的汉字即体现文"质"的汉字,这样的汉字可以观照到文本作者的价值追求。这个提法已经触及了文言文本的形而上意义,也就是从中国传统哲学的高度来认识文言文本的存在,从根本上解释了为什么文言文的属性是文字、文章、文化三者合一的。

一、文言文本的形而上意义

《文心雕龙·原道第一》开头曰:"文之为德也,大矣;与天地并生者,何哉?夫玄黄色杂,方圆体分,日月叠璧,以垂丽天之象;山川焕绮,以铺理地之形:此盖道之文也。仰观吐曜,俯察含章,高卑定位,故两仪既生矣。惟人参之,性灵所钟,是谓三才。为五行之秀,实天地之心。心生而言立,言立而文明,自然之道也。傍及万品,动植皆文,龙凤以藻绘呈瑞,虎豹以炳蔚凝姿;云霞雕色,有逾画工之妙;草木贲华,无待锦匠之奇。夫岂外饰,盖自然耳。至于林籁结响,调如竽瑟;泉石激韵,和若球锽。故形立则章成矣,声发则文生矣。夫以无识之物,郁然有彩,有心之器,其无文欤?"

"原道"为《文心雕龙》第一篇,阐述文本于道的原则。道之文无处不在,"山川焕绮""动植皆文"。然而,刘勰在这里也告诉我们,有德之文,是"与天地并生"的,因为有德之文"仰观吐曜,俯察含章""两仪既生""惟人参之,性灵所钟,是谓三才。为五行之秀,实天地之心"。文本于道,道有阴阳,有阴阳便是和合。因此,经典的文言文本就是一个个和合体。刘勰的论述指出了文言文本存在的本源与本质,揭示了文言文本的本体意义。

同时,经典的文言文本都是中华民族精神文化"基因"的产物。中国文章讲求"中和之美"。所谓"中和之美"就是不偏不倚,外现为一个既不过分又非不足的矛盾对立和谐统一的美。作为审美范畴的"中",指的是内心情感的不偏不倚,这既是对为文者的要求,也是为文的目标。而"和",是矛盾对立面和谐统一、相辅相成的外在表现,也是达到要求和实现目标的方法和路径。文言文本追求中和之美,符合汉民族最根本、最核心的思维方式之一,即和合辩证思维,因此,在哲学层面上,每一篇高中文言文本都可以看作是一个"和合体",这就是文言文本的形而上的意义。①

二、和合思想与文本阐释

从哲学层面上认识文言文本,其实是理解我们的古人是怎样看待这个世界的问题。和合辩证思维是贯穿上下五千年中华文明的文化之魂和文化之根,在统一的人类辩证思维的发展史上占有独特的地位,做出了特殊的贡献。入选高中语文教材的每一篇文言文都是经典,都

---

① 李佳桐. 文学经典的阅读、阐释和价值发现[J]. 卷宗,2018(02):240.

是一个个和合体。阐释途径最有效的指导思想应该是和合辩证思维，只有这样才能体现阐释文本的本体论要求。

"和合"，简单地说，是"对立面的统一"。阴阳和矛盾一样，所概括的是宇宙世界之对立统一关系，它们都要探讨"统一物质分为两个部分以及对它的矛盾着的部分的认识""对立面怎样才能够同一，是怎样（怎样成为）同一的"。具体来说，和合体包含着阴阳对待的关系、阴阳统一的关系、阴阳对立与和合的辩证关系。那么，和合辩证思维如何具体指导文言文本的阐释呢？

第一，要对文言文本内部进行结构分层，笔者认为，从和合辩证的关系看，文言文本有相对应的三个层面：题材层面、情感层面、文德层面。第二，要就三个层面与和合辩证思维进行对应对接的分析。我们知道，审美是人类掌握世界的一种特殊形式，指人与世界（社会和自然）形成一种无功利的、形象的和情感的关系状态。托尔斯泰说过，文学之所以能感染人，有三个原因：①情感的特殊性；②情感的明晰性；③情感的真挚性和深度。文学审美的价值主要在于情感价值，所以，文言文本的审美在和合思维指导下的阐释过程要以题材为基础，主要在情感层面进行。第三，上升到文德层面。因此，我们要以文言文本的情感线索为主线，分出三个步骤进行阐释：①在题材层面，用阴阳对待的关系找出相互对立的情感。②在情感层面，用阴阳统一的关系找出相互对立情感各自的对立情感。③在文德层面，用阴阳对立与和合的辩证关系找到相互对立后情感的统一价值追求。概括地说，就是找出文本和合体"对立面的统一"过程中所表现出来的平衡、协调、互涵、互补、互动、互依的动态的和合辩证关系。

三、文言文本的阐释途径

以上的解说比较抽象，我们还得通过解读具体的文本来具体说明。

如《项脊轩志》，文章所记的一切都紧扣项脊轩来写，在题材层面，"悲""喜"分明，文本以项脊轩的前后变化为线索，写出一系列家庭琐事，表现了作者对家道衰落的惋惜心情和对死去的祖母母亲、妻子的深切怀念，也表现了作者年轻时刻苦读书，怡然自得的乐趣。

传统的解读仅仅到此为止。这样的解读是典型的线性思维，按照和合思维解读，这仅是第一步，仅在题材的层面找出文中两种对立的情感，用阴阳对待的关系进行分析而已。

用和合思维，还有第二步，用阴阳统一的关系对情感进行分解、分析。阴阳统一是阴阳和合的第二种属性，它是指阴阳两个方面的相互平衡、相互协调、相互补充、相互渗透和相互促进，具体表现在阴阳互依、阴阳互涵、阴阳互根、阴阳互补中。在文本和合体中的情感层面存在着相互对立情感各自的对立情感，《项脊轩志》中，不只存在"喜"与"悲"两种情感，"喜"与"悲"的内容并不是单一的，而是"喜"中有"悲"，"悲"中有"喜"。

　　如第一段写修葺前南阁子的小、老、破、漏,从不少教参上我们可知,归有光自幼苦读,九岁能文,可谓少年显志。而主持修葺的却是一个少年,何"喜"之有? 修葺后的南阁子,图书满架,小鸟时来,明月半墙,桂影斑驳,而作者的偃仰啸歌、怡然自得的情绪之中,再联想到下文的"竟日默默",难道没有不可抑制的孤独之情? 环境固然清幽、静谧,充满诗意,"杂植兰桂竹木于庭"却只能孤芳自赏,作者难道没有无尽的寂寞、悲凉之情? 即便如此,一座平时"尘泥渗漉",阴雨天则"雨泽下注",又朝向北方,得不到阳光,"日过午已昏"的小屋修葺以后,条件又能好到哪里? 只是这艰苦条件已经被这个少年默默地隐藏在心中了。归有光八岁丧母,十七岁写此文时,其母已辞世九年,这九年对母亲的悼念,难道没一个"悲"字? 第二、三、四段,"悲"中也有"喜"。家族的败落离析是归有光内心痛苦的来源之一。伴随着归有光的成长,家族离析日益加剧,待到创作此文时,作者已目睹了十余年来的家族变化,"先是庭中通南北为一。迨诸父异爨,内外多置小门,墙往往而是。东犬西吠,客逾庖而宴,鸡栖于厅。庭中始为篱,已为墙,凡再变矣"。由篱到墙,百年老屋被瓜分,家庭成员的心理隔膜也不断加深。鸡狗东奔西跑,客人穿越厨房赴宴,家族呈现出它的无序与败落。

　　就是在这样的背景中,归有光带着深切的怀念,找到了浓浓的温情。母亲,她听到女儿呱呱而泣时以指叩扉,"儿寒乎? 欲食乎?"的问话,是慈母对儿女衣食的无微不至的关怀。祖母,"吾儿,久不见若影……的爱怜言辞",离去时的喃喃自语,"以手阖门"的动作,是老祖母对孙儿的疼爱和期待。妻子,"时至轩中,从余问古事,或凭几学书",表现出少年夫妇相依相爱;归宁回来时转述小妹们的充满稚气的问话,传神地表现了小妹们的娇憨之态,那是夫妻之间的依依情话。至亲的离世使作者体验到生活的残酷,人在命运面前的无能为力。但也在这无尽的怀念之中,归有光找到生活的支撑,慰藉着自己孤独的心。这难道不是"悲"中之"喜"吗?

当然,无论是写"喜"中有"悲",还是写"悲"中有"喜",其主体的情感依然是"喜"与"悲"。但是,我们不能一味地用线性思维来解读,两种情感其实是互依、互涵、互根、互补的。"喜"与"悲"的情感内涵都是丰富的。

那么,归有光的这篇散文抒发的到底是"喜"还是"悲"呢?这一问题的答案其实在作者的价值追求之中,既触摸到了作者的灵魂,又阐释到了文本的文德层面。相互对立后情感的统一在这篇散文中体现在一个"成"字上,由此进入文本解读的第三步。相对于"成"来讲,"喜"与"悲"还只是"外在"的差异,作者的价值追求才是根本。因此,文本解读要由这个"外在差异进到本质的差异,由外在对立进到内在的矛盾",这是理解和合辩证法的最基本的要点,也是进入文本阐释的关键。

归有光的"成"就是要"成自己""振家族""报君王",这也是历代儒生的功名之路。归有光是个很具有家族观念的人，他的祖上曾有过五世同堂的记录，他祖父的高祖，死前留有遗训："吾家自高曾以来，累世未尝分异。传至于今，先考所生吾兄弟姊五人，吾遵父存日遗言，切切不能忘也。为吾子孙，而私其妻子求析生者，以为不孝，不可以列于归氏。"归有光对此是颇为神往的。但是，这种状况并没有因遗训的存在而延续下来，"归氏至于有光之生，而日益衰。源远而末分，口多而心异。自吾祖及诸父而外，贪鄙诈戾者，往往杂出于其间。率百人而聚，无一人知学者；率十人而学，无一人知礼义者。贫穷而不知恤，顽钝而不知教。死不相吊，喜不相庆；入门而私其妻子，出门而诳其父兄。……平时呼召友朋，或费千钱，而岁时荐祭，辄计秒忽。俎豆壶觞，鲜或静嘉。诸子诸妇，班行少缀。乃有以戒宾之故，而改将事之期；出庖下之饺，以易荐新之品者，而归氏几于不祀矣"。

中国是一个宗法观念很强的国家，所以渴望家族、家庭团圆、和睦，是一种普遍的情感。归有光认为根本的原因在"读书久不效"的事实上，这让作者不堪重负。虽说初作志文时，作者连秀才都不是（归有光二十岁中秀才），但从他以曾经昧一隅最终名闻天下的蜀妇清、诸葛孔明自比，则志向可知矣。尽管作者也自我解嘲："余区区处败屋中，方扬眉、瞬目，谓有奇景。人知之者，其谓与坎井之蛙何异？"（可惜节选部分删掉了）但这种自嘲是以高度的渴望和自信为前提的，那就是要功成名就，振兴家业，光宗耀祖。待到作续文时，归有光应已中举（归有光中秀才后连考六次,三十五岁那年才中举,此后,又有八上公车不遇的坎坷经历),但从文中已看不到对前途的任何憧憬了。科场的失利不断地消磨着他的雄心,他再也无意放言高论,已之不成,何以成家? 反过来只能在怀念中重温人间伟大的亲情,这才是归有光最大的沧桑。清人王拯有一段记载:"往时上元梅先生在京师,与邵舍人懿辰辈过从,论文最欢,而皆嗜熙甫日。梅先生尝谓舍人与余曰:君等嗜熙甫文,孰最高,而余与邵所举辄符,声应如响,盖项脊轩记池。乃大笑。"这"大笑"的中意味也只有历尽沧桑的人方能体会。

三个步骤解读了《项脊轩志》,文本意义都在矛盾的产生及分析中得以呈现,并逐步深化。通过和合辩证思维指导下的文本解读方法和步骤,层次清楚,泾渭分明,路径清晰。而且完全从文本出发,从文本内部寻找阐释的矛盾进行分析,步步深入,直抵作者的价值追求,具有完全的本体论意义。

第三节　经典阅读与语文文化思维教学的实践

和合辩证思维既是世界观,又是方法论,对文学批评的指导意义应该非常大。但不幸的是,中国传统的文学批评思维和方法却停留在整体直觉、通观整合、圆融不执等整体性感知上,停留在突出直觉和意象思维等高层次思维方法的领悟上,停留在"道"的层面,没有产生出一条规范的、可供人掌握并使用的"器"和"术",这之中尤其缺少的是强调两极之间的区分和差异的分析性思维。而且,传统的文学批评思维模式强调的是结构和功能,而不是实体和元素。

这与西方近代科学中那种强调分析、解剖的方法并重视追索本体的思想的差异十分明显。西方近代科学分析方法习惯于把整体分解为部分,把统一的事物分解为各个侧面,把整个过程分解为各个阶段加以认识。这种方法对近代自然科学的产生和发展曾经起到过重大作用,也为西方文学解释学的产生和发展奠定了基础。文言文本的结构可分三个层面,阐释可按三个步骤进行,就是注意到分析性思维的作用,与之相对应需要三种思维。

一、矛盾思维与题材层面分析

和合体中阴阳讲的是对待关系。所谓"对待"其实指的是事物与事物之间、某一性质与其他性质之间的关系。因为任何事物、任何性质都不是孤立的,都是与其他事物,其他性质相比较而存在的,所以关于对待的思考即是关于关系的思考,在诸事物、诸属性的关系中去把握对象,在对待中求其义。通观中国古代文学批评的发展,无论是本体论,还是创作论,无不如此。

老子说:"道生一,一生二,二生三,三生万物。万物负阴而抱阳,冲气以为和。"(《老子》第四十二章)老子认为万物都是阴阳对立统一体。"凡物必有合",董仲舒说:

"合,必有上,必有下;必有左,必有右;必有前,必有后;必有表,必有里。有美必有恶,有顺必有逆,有喜必有怒,有寒必有暑,有昼必有夜,此皆其合也。"(《春秋繁露·基义》)可见,"和合"是有差异的统一。因此,在文本的题材层面所表现的情感、观点或主张中,都可以找到相反或相对的情感观点和主张,差别在于:有的文本是显性的,如《赤壁赋》的"乐"与"悲",《项脊轩志》的"喜"与"悲",《兰亭集序》的"乐""痛""悲"。有的文本是隐性的,如《始得西山宴游记》写的是"常"情,"异"情则是隐含的;《秋声赋》写的是"恨"与"叹息",但是超脱的愿望也非常强烈,只是隐而不露罢了。①

二、悖论思维与情感层面分析

所谓悖论思维就是对一个概念、一个假设或一种学说,积极主动从正反两方面进行思考,以求找出其中的悖论。作为和合体的文言文本在有无相生、难易相成、长短相较、高下相倾的和合辩证关系中,可以分析出互相对立的情感两端之中阴中有阳、阳中有阴、阴阳之中复有阴阳,从而找到情感的悖论所在,然后进一步分析出情感两端丰富的内涵,达到深化情感分析的目的。

如《赤壁赋》,在读出"乐"与"悲"之后,就要进一步思考文本中"乐"中之"悲"和"悲"中之"乐",读出"乐"与"悲"的丰富内涵。又如《项脊轩志》,在读出"喜"与"悲"

①唐智芳. 湖南师范大学校级规划教材·汉字解析与对外汉字教学[M]. 北京:知识产权出版社,2019:58.

之后，就要进一步思考文本中"喜"中之"悲"和"悲"中之"喜"，读出"喜"与"悲"的丰富内涵。再如《兰亭集序》，在读出"乐""痛""悲"之后，就要进一步思考文本中"乐"中之"痛"、"乐"中之"悲"、"痛"中之"乐"、"悲"中之"乐"，读出"乐""痛""悲"的丰富内涵。有的文本情感的悖论是隐性的，如《始得西山宴游记》，在读出"常"情和隐含的"异"情之后，就要进一步思考文本中"常"情之中的"异"情，"异"情之中的"常"情，读出"常"情和"异"情的丰富内涵；又如《秋声赋》，在读出"恨""叹息"和隐含的超脱的愿望之后，就要进一步思考文本中"恨"中的超脱之情、"叹息"之中的超脱之情，还有超脱之情中的"恨"与"叹息"，读出"恨""叹息"与超脱之情的丰富内涵。

悖论思维的运用，主要在情感层面进行，有以下四种基本特征：①方向性特征：从相互对立或相反关系的两个方向上展开其思维活动。②统一性特征：方法的实质是从对立之中去把握新的更高层次的统一。③互补性特征：思维的成果是对立面之间的互补，表现在思维过程中是逻辑性和非逻辑性的互补，这正是悖论思维的探索性特点。④思辨性特征：运用悖论思维去探索情感的奥秘，是抽象和具体的统一，它所要揭示的通常不是经验性的规律，而是情感逻辑。孙绍振说过："情感是不受理性思维的规范制约的，它既不遵循形式逻辑的同一律、矛盾律，排中律和充足理由律，又不遵循辩证逻辑的全面性，更不理会系统论的整体性。"

三、消解思维与文德层面分析

古人认为,在相对的关系中不能离开"名言称谓",而绝对关系则必须摆脱这些"名言称谓",因此理想中的圣人都是处无为之事,行不言之教,也即没有了善恶美丑之分,这便是消解性思维。

儒家传统的中和观,执其两端而用其中,提倡事物的多样性与兼济性,同时也重视事物的转化,阴阳消长,是一种富于辩证的圆融的思维。其涉及的概念,如文质、刚柔、雅俗、邪正等,相互对待,关系与内涵都是明确的。但是,这些"名言概念"又是依据什么来确定其自身内在的价值呢? 就文言文本来说,在先秦时期文的界定是依附于礼乐,儒家充分赞美礼乐文化,于是肯定文,肯定文质之分、美恶之辨。但是如果像道家那样对礼乐文化的异化现象持批判的、否定的态度时,文的界定以及文质之分、美恶之辨都失去了意义,于是出现消解性思维,对当时社会上的名言之辨进行消解,另持一种眼光来看待文化了。当然,绝对的消解是不可能的,因为人不可能脱离固有的社会文化和固有的语言进行思索,但是相对的消解却是可行的,且具有重要的意义。

相对于文言文本的解读来说,其指导意义有二:第一,在文德层面中消解悖论的情感,从而揭示作者的价值追求,抵达作者中和的人生境界。第二,通过作者价值追求这一新的"合题"的"破执",实现阐释的循环。这是遵循阴阳对立与和合的辩证关系,按照"和合一自组织和合一"动态运行模式,对文本进行的最高层次的解读。我们知道,明"道"的汉字即是体现文"质"的汉字。作者的价值追求,就体现在这一个汉字的观照中,如《赤壁赋》是"适",《项脊轩志》是"成",《兰亭集序》是"生",《始得西山宴游记》是"合",《秋声赋》是"宜"。用"适"字的文化内涵来观照《赤壁赋》的"乐"与"悲",用"成"字的文化内涵来观照《项脊轩志》的"喜"与"悲",用"生"字的文化内涵来观照《兰亭集序》的"乐""痛""悲",用"合"字的文化内涵来观照《始得西山宴游记》中的"常"情与"异"情,用"宜"字的文化内涵来观照《秋声赋》的"恨""叹息"和超脱的愿望,那么这些文中的情感又会有新的内涵,你就会对作者在自己价值追求之下的情感有了更深的体会,你就会消解文本中对作者所持的情感,转而从作者价值追求的层面去思考情感的价值。如《赤壁赋》中,悲观的客在苏子的劝慰下最终获得了心灵的解脱——这种解脱在外表现为"喜而笑",内在的意义却是世界观的变更。具体地说,客由悲而喜的过程,就是道家思想战胜儒家思想的过程,是清静无为、寄情山水的人生态度战胜"明知不可为而为之"的人生信念的过程,这就是苏轼的"适"。而一旦《赤壁赋》的"适",《项脊轩志》的"成",《兰亭集序》的"生",《始得西山宴游记》的"合",《秋声赋》的"宜",又被"破执"之后,新的"和合"就可以达到圆融无碍的境界,文本的解读也就实现了循环阐释的目的。

　　题材层面、情感层面、文德层面,矛盾思维、悖论思维、消解思维，三个层面、三种思维让情感在逻辑中产生悖论，又让悖论的情感在价值追求中消解，从而抵达作者中和的人生境界，并通过作者价值追求这一新的"合题"的"破执"，实现阐释的循环。这种阐释思路和途径完全根植于中华传统文化，完全是从文本的存在本质出发，因此是完全意义上的本体论解读。

最后想说的是，笔者"文言文本阐释三论"所探索的文本阐释方法与孙绍振先生的文本阐释方法既有相同之处，又有本质区别。相同之处在于，两者都认为"所谓分析就是分析矛盾"，"而矛盾是潜在的，不是浮在表面上的"。差别就在于如何发现矛盾。孙先生认为，"从方法的操作性来说，不能满足于一篇一篇孤立地讲作品，应该把作品放在一系列的作品的比较中，来观察差异，以便找出矛盾的切入口。如果是单篇地分析，没有现成的作品可比，就要用一种方法，叫作还原法（现象学的还原），来找出作品与对象之间的矛盾"。因为孙先生认为"从文学创作来说，就是现实与艺术的矛盾、差异，而不是统一、等同"。这种差异、矛盾在文学创作中形成了错位，所以，孙先生的文本解释学可以概括为"错位解释学"。笔者认为，矛盾的产生来源于文本本身，完全可以用和合辩证的方法找到分析的对象和深入的步骤，实现文本意义的新生。

第六章 汉字文化教学在写作中的应用实践

第一节 汉字文化中写作教学的发展思维

汉字是传承和弘扬中华文化的重要载体,是中华民族的基本标志,也是华夏文明的显著标志,它不仅在中国有深远影响,而且对朝鲜、韩国、日本等国文化有巨大而深远的影响。

汉字的最大优点是它的超方言性。中国是地域广阔、方言复杂的国家。在古代不可能做到语言规范化,即使现在推广普通话,也还不能在短期内完成。但是汉字却是全国通行的书面语言交际工具。语言不同,以笔代口写出字来却完全一样。汉字的另一个优点是它的有理性。文字是一种符号体系,它可分为有理性文字和无理性文字两大类。所谓无理性是指纯表音文字,如假借字、音节文字、字母文字等,这种文字纯系一种符号,与要表达的事物没有直接联系。所谓有理性文字如汉字,它除了表示词的读音,还是代表事物形类的标志。如"水"字是从象形文字水的形状演变而来的。它有表形和表音两个作用。再如"汪""洋"两字,用"水"表示类属,用"王""羊"表示读音,叫作形声字,是汉字的主体,这种形声兼顾的特点便于识别和记忆。

目前的写作教学理论和写作教学状况与二三十年前相比,毫无疑问地断定它有很大的进步与发展。它的特点:①内容的丰富性;②理论的多元性。内容的丰富性不需要具体地列出一个个条目来,单从教材的厚度即可确认这一点。旧时有的学校没有教材,有的不过一二百页,十分单薄;现在却大有不同,三四百页十分常见。不管教材如何编写,写作教学理论都具有多元性,古今中外包罗广泛,这一点十分显眼。可以说,目前的写作教学理论是古今中外写作教学理论的集合体。即具体地衡量某一本教材也不会两样。作为一位写作教学理论探索者,面对这种状况,我是高兴的。但是喜中有忧,忧虑什么呢? 就是20世纪初学习西方语言,废除文言改用语体文教学以来,以西语语系来改造汉字文化,照搬西方教学内容和方法,把"汉字文化所独"的部分扔掉,致使汉字教学成绩多年来一直不能令人满意。不是说向西方学习,我们的教学没有改进,而是说把我们的特点扔掉,以西化为荣,得不偿失。数十年来我们学习西方,得到一些发展。从大的方面说,"取西文律令以驭中文",初步建立了汉字语法体系;强调了语体,使我们书面语的活泼性有所增长;一些文章体裁比如通信、特写、报告文学等的引入,使我们在表现实际生活方面多了一些写作样式等。从小的方面说，标点符号和段落、段中主句的引进等也都是对中文的改进和提升。但是，在另外一些方面我们的损失太大了，这主要表现在以下几点。

一、语体文与文言文的教学

西方只有语体没有文言，我们就强调语体文的教学，而废除或基本废除土生土长的文言文教学，其弊很多。

（一）文言文是中华民族五千年智慧结晶的载体

废除或基本废除文言文教学，现代人智慧的积累就受到很大损失，现代人的思维就经常会遇到困难。一个世纪以来，当我们学习西方，扔掉传统文化的时候，西方和日本一些有识之士研究中国传统文化，为各自的科学技术找到了理论根据，使他们的文化得到了繁荣与发展。在这方面，诗学有庞德意象诗派借助中国古诗的例子，自然科学有西人借助周易的例子，经济学有日本借助中国儒学思想进行商战从而取得辉煌业绩的例子等。而在这个阶段，我们却经常困苦不堪。比如新体诗虽然已有七十多年的历史，但直至今天仍很不景气；在它的历史上，任何时候也没有出现过类似西方意象诗派的繁荣局面。至于自然科学和经济学就更困苦了。怪不得以近亿元资助《四库全书存目丛书》出版的企业家陈显强如是说："让日本人告诉我们中华经典《论语》《孙子兵法》《三国演义》等可以用于商战，这是我们中华儿女的耻辱。"但是，值得高兴的是，类似陈显强的觉悟者越来越多。最近，以撰写《中国现代小说史》闻名的国家有突出贡献的专家杨义突然出现在古代小说研讨会上使人惊讶。原来他是要把研究的参照系扩大到古典文学和世界文学的领域；不仅是加深研究程度，而且要拓展研究的角度，从新的层面观照现代文学的流变。他说："改用人类智慧的'尺子'，就会减少一些坐井观天的蠢话和昏话。我觉得新文化运动在创造了文化的革命性飞跃的显层次下面，包含着潜忧。那就是为了突破传统、轻装前进，丢掉了一些破铜烂铁的同时，也失去了一些甚至是属于国宝的东西。"好一个"改用人类智慧的'尺子'"，怪不得访问者以"让古代智慧走进现代人的心灵"为题做了报道。在此前两年，东方学家、北京大学教授季羡林先生说："文言文是传统文化的载体之一，而中国的传统文化居世界前列。想弘扬中华文化必须重视文言文。"经过将近一个世纪，我们之中才有几位有识之士出现，我们的损失还不大吗？

（二）文言文教学的废除或基本废除就会使现代汉语成为无本之木、无源之水，从而无限贫乏

现代汉语发展到现在，已经有一段历史了，但是它还是很贫乏的。这主要表现在：人们在表达思想的时候，要经常借助文言。我们的教育家、语言学家不遗余力地喊叫："语体文要写得纯粹""不要向古人那儿去讨救兵"，否则就是"文白夹杂"，就是不通顺。教师们（不管大学的还是中学的）对于这个理论奉若神明。然而，教学实践却开

了个大玩笑。不管教育家怎么说，不管老师们怎样现出一副虔诚的面孔，学生写起文章来经常要借助于古文，"文白夹杂"起来。其中原因是什么？原来汉语不同于西方语言，它什么时候也没有灭亡过。它的特点之一就是古今一脉相承，血肉难分。即令学生不读文言文，也很难让他们完全不受文言的影响。学生是这样，作家或社会成人更是这样，他们写起文章来通常更费心思地去借助文言。不久前《东方风来满眼春》的通信标题，恰切、新鲜、有力，读者赞不绝口，原来它是唐朝李贺的诗句。如果作者弃古人不用而改用现代语，恐怕要显得极为苍白无力。其实，在提倡语体文的教育家、语言学家的文章中，文言词语、文言句式和文言成句多的是。这不是他们的忽略，而是汉语的规律。只要用汉语写作就必然是这样，舍此就无以表达或不能很好地表达。李大钊《今》末段的首句"我请以最简明的一句话写出这篇的意思来"，不就是因为它弃文言不用而出现表达上的毛病吗？

（三）废除或基本废除文言文教学使现代语体啰嗦、松散、粗俗的文风得以滋长

目前的文风粗俗不堪有目共睹。青年学者、北京大学博士生导师陈来先生最近曾以《"北京文化"的危机》为题，严肃地批评了目前粗俗的文风。他说："相声越来越庸俗""市民的语言粗俗不可耐，较之中国台湾的国语真是相形见绌""大量涌入文艺作品的'流行词'无一不是染着市井的习气，'大腕''一方活'一类的江湖黑话商话，痞

气十足地大举侵入话语系统,居然被一些艺术家当成时髦"。季羡林先生借为《文学语言概论》写序言的机会,也对当前的不良文风做了尖锐的批评。他说,从修辞和风格两个方面来看,今天的散文大体上可以分为两大派:"一派我称之为'搔首弄姿派',另一大流派我称之为'松松散散派'","愿意怎样写,就怎样写。愿意写到哪里,就写到哪里";这样的作品"风起云涌","看上去煞是热闹。然而夷考其实,则不禁令人气馁"。如此粗俗的文风如何整治呢?主要的还是学习文言。本来激烈反对学习文言的王力先生在其晚年念及文风太坏,不得不修改一贯坚持不学文言的主张。他说,"我觉得可以教点儿古文",用来医治当前的文风;因为"古人是讲究文字简洁、干净、利落的"。

(四)西语音乐性不强

我们也不注意汉语的音乐性,使现代文写作质量下降。西语音调低平,汉语却有四声平仄,讲起话来抑扬顿挫,富有音乐性。当年郭沫若先生在世界和平理事会议上讲话,外国友人说"怎么像唱歌一样",其中缘故就是因为汉语有平上去入四声,即今天的阴平阳平上声和去声;而西语却只有大体相当于我们的上声和去声两个声调。可惜文言文(主要是近体格律诗)教学废止以后,汉语音乐性强这个特点被人们忽略了。目前写作中在音乐性方面存在的问题很多。例如:林纾"能诗善画,尤善文""北京无人售票公共汽车试运行"等,音节不协和;"反对吹牛,实事求是"(标语),"春满人世间,日照大地红"等,平仄不协(高亨原句为"春满人间世,日照大旗红");"天文家仰面看星象,失足掉在井里,大叫救命",末四字都是仄声,读不顺口;"何处有云锦,凭君巧剪裁,一袭才捧出,人间争试衣",新闻用诗作标题,颇具匠心;但每句尾字都是平声,也影响听觉效果。大概有感于此吧,著名作家汪曾祺在一篇文章中批评了如今青年人不注意汉语音乐性问题。无独有偶,冰心老人对于这种现象也提出过批评。她说:"最近报上有一个标题,叫作'梨花开花访梨乡'。六个平声字,一个仄声字,平平平平仄平平,念起来很不好听。'……还有春色满园关不住',本来是众口传诵的宋人叶适的一句诗,可是,到报上偏偏成了'满园春色关不住',平仄也不协调了。"批评尽管批评,我错还是我错。1992年某报《精神向何处去》文中第三个小标题与上述错误完全相同。论起平仄,有件事不能忘记。不久前,一些金庸小说翻版书中,传金庸和古龙合出一个上联"冰比冰水冰"征对,中国许多读者寄了下联出去。金庸说"真是大开玩笑了","大家浪费时间心力"。原因就是读者不懂上联末一字通常是仄声的常识。有作对企图获奖的心思,却没有作对的最起码的知识,岂不笑煞人也。[①]

二、单调的叙议文体一贯制训练

有违教育学心理学,是现代人表达能力不能令人满

①万秀凤,罗银胜,杨青泉.应用文写作[M].上海:立信会计出版社,2017:19.

意的重要原因之一。源于西方的叙议文体训练从小学、初中到高中，九年一贯制并且独占讲堂的事实，既不符合教育学也不符合心理学。教育学原则，不同学段应有不同的教学内容。然而叙议文体训练从小学到高中，虽然有某些深浅程度的差别，但这个差别很小，给人总的印象是"雷同"两个字。小学阶段老师就讲了"人物的写法"，到初中不过稍具体一点罢了；然后到高中，确实不能给人多少新鲜感。尤其是高中，讲述的许多范文来自中学教材，就更令人厌烦了。这种厌烦情绪的产生就说明了心理学问题已经出现。因为学生的"心"早已飞到古典文学、文艺理论、外国文学以及文学写作上去了，哪里有心思再垂青什么记叙文议论文呢。

　　文学写作应当考虑最能体现汉语特点的旧体诗词的写作。一位海外华裔诗人说得好："传统诗词永远是一条打不死的神蛇。"七十多年来，许多政治家、军事家、文学家和人民群众继续创作传统诗词的事实，许多优秀诗篇在人民中广为流传、经久不衰的事实，说明了传统诗词不仅为人民所喜闻乐见，而且可以适应新的时代，具有顽强的生命。毛泽东诗词成为时代的最强音。其中许多句子与唐诗宋词名句一样，具有莫大的魅力，活跃在我们当代生活之中。此外，还有一个事实就是胡风这个"自由诗人"写格律诗。他在囚室中长期没有纸笔，自由诗写多了没法记住，于是就写了大量旧体格律诗。这是因为"赤裸裸的语言艺术的诗，定要避开前人所摸索形式的诗艺经验是不明智的,因为这种艺术经验建立在民族语言的特性上,濡及妇孺,深入人心"。汉语有汉语的特点。要保持民族特色就要进行传统诗词写作。"鸡声茅店月,人迹板桥霜""枯藤老树昏鸦,小桥流水人家,古道西风瘦马"等,仅仅几个名词排列一起,就诗意盈盈,让人回味无穷。这是任何西方语言也难以达到的表达境界。我们为什么不去发扬它呢?同时我们还必须看到,诗词写作的目的不仅仅是为了诗词,更重要的是为了散文的写作。有了诗词写作的经验,散文才能写得更好,才会有诗文并茂的高级表达形式出现。古代《红楼梦》就是诗文并茂的,到了现代张恨水的《春明外史》等也还是的。可惜近来此类作品不见出世。可能是有感而发吧,北京大学吴小如教授特撰《三读〈春明外史〉》加以推荐,并深有感触地说:"这是我们现代小说作家所应虚心学习的。"可见学写旧体诗词势所必然。有人会说,旧体诗词写作太难了,不要说学生,老师还不会呢。困难是事实,但是困难的解决办法也是有的,就是在中小学阶段熟背三四百首旧体诗词。谚云:"熟读唐诗三百首,不会吟诗也会吟。"俗话不俗。让我们把它捡起来吧。总之,叙议文体独霸写作课已经数十年造成很多弊端。应当打破这个局面,弘扬诗教,恢复传统诗词写作,为迎接汉字发挥威力的 21 世纪做出新的贡献。

三、重视日用性

头疼医头,脚疼医脚式的加强应用文、科技说明文训练,而废止实用性很强的传统文体训练是很失算的。

季羡林先生在《东方文化与东方文学》一文中指出："东方的思维模式是综合的,它照顾了事物的整体,有整体概念,讲普遍联系,接近唯物辩证法。用一句通俗的话来说就是,既见树木,又见森林,而不是只注意个别枝节。中国天人合一的思想,印度的梵我一体的思想,是典型的东方思想。"季老接着又分析了"头疼医头,脚疼医脚","只见树木,不见森林"的西方思维模式。季老的分析是客观的。用哲学的视角来观察我们的写作教学,不管中学还是大学,都有"头疼医头,脚疼医脚"的问题。数十年来,我们所要加强的应用文和科技说明文的教学基本上都属于这个范畴。不是说不要应用的东西,应用的东西是要有的,但仅仅是一个很小的部分,给学生一点儿常识,给没有走入社会的青年增添一点儿聪明才智,如此而已。事实上许多简单的应用性强的东西,一到社会实践中去就会迎刃而解。而目前的状况是这种简单的应用性的教学内容太多,占的时间过长,损害了学生学习积极性,损失了大量宝贵的时间,致使传统的难度较大、实用性很强的应用文字得不到训练。比如即席赋诗和唱和诗。它是在日常应用中诞生又在日常应用中发展的。可是现在人们生活中即席赋诗、墙壁题诗和唱和诗很少见了,其中原因,不是这种形式的应用性随着时代的进步而消退了,而是现代知识分子缺少了这种写诗的本领。不要小看这些旧形式,你如果掌握了它,很可能会有大用处。1964年初,山东大学一些教授学习新发表的毛主席诗词十首,畅谈体会并赋诗唱和。如对联,对联是土生土长,长盛不衰的汉语独有的形式。它的应用性极强,又有一些教学难度。然而我们的应用文教学把它开除"课本籍",且永远不得"重启",这是为什么?第一,外国人那里没有;第二,恢复了它,半部语法就不必讲了。其实它在政治、经济、人们日常生活中有强大的生命力。总体来说,现实中的所有问题不可能都通过写作课有限的教学时数来解决,但应该力争将最主要的方面打下基础,至于那些在实践中稍作努力即可迎刃而解的次要方面,不应该在上面浪费精力。

最后,瑞士汉学家胜雅律教授认为:"中国应该保持自己的传统文化体系,与西方的文化对抗。这种对抗不是敌对的,而是要对西方文化加以平衡。西方社会也很需要吸收东方、中国的东西。"

第二节　汉字文化教学中写作教学目标的设计

在作文的教学中如何引导学生了解传统文化、文化传统的概念、意义及其相互关系,树立对待传统文化和文化传统的正确态度呢?接下来我搜集了传统文化与作文教学,欢迎查看,希望帮助到大家。

根据教学原理我们知道,语言文字的表达能力实际上就是"观察、思维、表达"三者能力的结合。因此,我们要将传统文化融入作文教学中,认真训练学生的观察、思维、表达能力,在教学中激发学生对传统文化的兴趣,培养学生语文素养、人文素养、思维能力方面发挥语文学科应有的作用,尽到语文学科应尽的职责,教给学生语言文字的表达技巧,才能使学生的素质得到根本性的提高。为此,我探索总结出了这样一些提高学生作文素质和可持续发展的作文训练模式。

一、将文字文化融入学生的观察能力训练

观察是作文的基础。其根本目的是获取输入信息的表象材料。形成表象材料的源泉有两个,即直接观察(即对客观事物的认识)和间接观察(即对书本等画面的认识)。由此,我们清楚,要使学生有话可说和有事可写,就必须提供给他们比较多的表象材料(即生活知识的积累、书本知识的积累和情感体验的积累)。为此,我采取如下方法增加学生的表象材料:第一,组织学生随着季节变化观察校内外环境、植物、日出、日落等现象的变化。如春季,面对柳枝抽芽,我们会情不自禁地吟咏出"不知细叶谁裁出,二月春风似剪刀"的经典诗句。学生面对此情此景,在身临其境中,顿悟诗句深刻含义,体会出诗人作诗时的细腻感情。这样,既培养了孩子审美的能力,又提高了孩子的观察能力,可谓一举多得。第二,给学生安排赞美家乡、赞美大自然,反映地方特色、民族风貌、民族文化为主题的板报、手抄报,培养学生热爱家乡、热爱生活的

审美情趣。第三,要求学生主动随家长外出游玩,参观当地的名胜古迹、历史博物馆、历史遗址、革命圣地或走亲访友,并写出游记,获取生活积累和情感体验。第四,要求和布置学生观看少儿电视节目和军事、文学、戏曲频道,培养学生关注传统文化的意识。第五,组织学生集体和个人订阅报纸杂志,开展经典诵读活动,使学生养成读书看报的习惯和了解获取传统文化的信息和渠道。第六,寒暑假制订具体监督检查措施,落实30万字阅读任务。第七,培养学生作文兴趣,大量进行写作练习。大量的阅读观察和生活积累让学生输入了充足的信息,奠定了学生选择材料的基础,达到了巧妇不为无米之炊而发愁的境界。[①]

二、将汉字文化融入学生的思维能力训练

把观察获得的信息(材料),经过选择、组织、加工、组合等制作,最后在大脑中形成一篇能表达自己看到或听到或想到内容的腹稿,这就是对输入信息的处理过程,即选择、组织材料的过程。为此,我编制了一些作文思维能力的训练模式。如在端午节来临之际,引导学生查询和端午节相关的一些信息,如端午节有哪些别名?端午节的来历及与哪些著名的人物有关?你知道屈原、伍子胥的生平事迹吗?端午节有哪些传统习俗?在查询的基础上整理资料,让学生自命题目撰写作文,并进行交流。还

---

①周小兵,张世涛,洪炜.对外汉语教学入门[M].3版.广州:中山大学出版社,2017:55.

可以通过看《屈原》、唱《橘颂》、吟诗词、赛龙舟、选艾叶、佩香囊、吃粽子……一个传统节日从查询资料到实践体验，让学生在实践中学会思考、学习写作，在营造节日氛围的过程中感受特有的民族风情。春节、元宵节、清明节、端午节、中秋节、重阳节，如果这些重要的传统节日让我们的学生在作文写作学习中有计划地去探究、去实践体验，这样的文化传承是意义深远的。另外，家乡的一草一木、一桥一亭以及乡风乡俗、乡亲乡情都是学生作文训练的绝佳题材。通过寻访，让学生读出在家乡这部书上的沧桑意蕴和时代变迁的思考。可以叩访家乡先贤，了解先贤们的成长历程、奇闻轶事，把收集到的资料写成一则则小故事，既可以励己，又可以励人；可以寻觅家乡的古老建筑，一座石桥，一座清真寺，一堵残墙，山头上的烽火台，都可能蕴含着一段故事，它们的名号、建筑风格都是可资探寻的内容，通过探索、发现，进而叙写，激发对家乡文化的认同感、自豪感；考究家乡村名、路名的来源，感受时代的变迁和世事沧桑，如良教沟、下治泉村等地名所包含的丰富内涵。

三、将汉字文化融入学生的表达能力训练

通过口说和书写的方法把形成自己思想的语言表达出来的过程，就是输出信息的过程。在这个过程中，思想的健康，语言的丰富，表达技巧运用得恰到好处成为重要因素。我们通过用诵读、说讲的方式学习和积累传统文化来训练学生的语言表达能力，但要做好它，却需要我们

广大语文教师有计划、有层次地进行组织和引导。传统经典可积累的内容很多,我们应根据学生的年龄特点,安排每一年级段的不同诵读内容。比如,低年级可以安排学生诵读《三字经》《论语》等耳熟能详的经典篇目。具体时间安排可以每学期诵读的内容,每周一两节课,也可利用晨读,课外活动,成立诵读小组等。对所选内容要求学生反复朗读,以至熟读成诵,牢记在心。这个诵读的过程是培养学生语感、积累语言材料的过程;是博闻强记、增强记忆力的过程;也是对学生潜移默化地进行民族精神熏陶的过程。黄香温席、孔融让梨,传递的是一种孝悌的思想;"老吾老以及人之老,幼吾幼以及人之幼"是博爱思想的传播;"己欲立而立人,己欲达而达人""己所不欲,勿施于人",告诉学生要学会推己及人;"不义而富且贵,于我如浮云",又让学生懂得了见利要思义……传统经典作品是集文学、哲学、历史于一体的,它是中华民族的文化结晶。同时,采用说一说,讲一讲的方式,以成语或歇后语为载体,引导学生编写故事,既是一个很好的作文训练内容,又是学生进行传统文化学习的好机会,而且由于时代变迁,又会使歇后语、成语赋予新的内涵,闪耀着现代孩子的智慧和光彩,激励学生对传统文化的兴趣,训练语言表达能力。

用传统文化引领语文教学,如果对作文视而不见,传统文化引领语文教学必将沦为空谈。那么,用传统文化引领作文教学,具体该如何做呢?我认为用传统文化来引领作文教学应该在立意、标题、素材、谋篇布局和语言运用等方面下功夫。

四、用汉字文化引领作文，并不会使文章远离现实

有人说，一味地用传统文化引领作文教学，会不会使我们的作文有一股酸腐气，乃至远离了今天的现实？这种担心是没有必要的，我们用传统文化引领作文教学，是为了从传统文化中汲取营养，最终还是要落到为时代服务上面。因为"文章合为时而著"才是为文的王道。

为此，我们看一下，前年的全国卷三："经历几年试验，小羽在传统工艺的基础上推陈出新，研发出一种新式花茶并获得专利。可是批量生产不久，大量假冒伪劣产品就充斥市场。小羽意识到，与其眼看着刚兴起的产业这么快就走向衰败，不如带领大家一起先把市场做规范。于是，她将工艺流程公之于众，还牵头拟定了地方标准，由当地政府有关部门发布推行。这些努力逐渐见效，新式花茶产业规模越来越大，小羽则集中精力率领团队不断创新，最终成为众望所归的致富带头人。"

这则材料其实传达了一个道理，就是面对矛盾我们应该学会如何解决。小羽没有站在矛盾的反面去消灭它，而是和矛盾方站在一起，去疏导他们。其实此类立意在传统文化中是一个经久不衰的话题。

第三节 汉字文化教学中写作课型模式建构

新课程高中语文教学要求高中阶段要有专项写作内容和训练要求,据此可分为作文整体导写课、作文专项训练课和作文综合评改课等主要基本课型。为了能够灵活运用这几种课型,教者需要研究有关基本课型并做出较为科学的设计,提高写作课的教学效率。

汉语写作课是一门锻炼学生综合运用学过的汉字、词汇、语法、书写格式、标点符号等书面语言的实践课,目的是复习、巩固和实际运用学过的汉字、词汇、语法知识,不断纠正运用中出现的错误;通过学习范文扩大词汇量,掌握写作的基本要求;正确使用中文标点符号,掌握中文书写格式,培养、提高运用汉语进行书面表达的能力,教学内容要体现综合性的特点,要遵循由浅入深、由易到难的循序渐进原则。写作课的这一性质决定了它应该是一门语言实践性很强的课程,但目前的教学模式通常是:教师在黑板上:给出一个或几个作文题目,大概讲一下对字数、格式、内容的要求,便让学生开始写作。老师们过分强调写作实践,不重视写作知识的介绍和理论的指导。到最后,学生虽然写出了大致符合要求的作文,但也是知其然不知其所以然,写作水平并未得到提高。形成这种状况的原因主要有以下几方面。

第一,教师自身的原因。大多数汉语教师将汉语作为母语的写作方法原样移植到对外汉语写作中来,上课时一成不变按照传统汉语写作步骤教学,较少关注教学趣味性和写作交际性,没有注意到写作也是一种交际形式。

第二,教材编写的原因。目前汉语高级阶段写作课所使用的教材编写体例过于陈旧,不能适应当今交际化、功能化的教学需要。

第三,受课时数的影响。在很多学校的对外汉语教学计划中,写作课的课时最少,有的学校将初中级写作课安排在综合课中,到高年级时才设置独立写作课。这样的课程安排严重影响了教师"教"学生"写作"的积极性。

上述原因使现有的写作教学模式不能很好地反映出"语言实践"这一教学特点,因此改革现有的写作课教学模式势在必行。中国古代教育学家孔子说过:"知之者不如好之者,好之者不如乐之者。""乐之"就是讲的学习兴趣,兴趣在一个人的学习中起着至关重要的作用。在如今的学生中,大部分学生并非对汉语本身感兴趣,只是意识到学好汉语对今后从事工作具有重要意义。心理学家把这种兴趣叫作间接兴趣。一个人在学习中,如果没有直接兴趣的支持,学起来不仅费时、费力,而且还会感到厌烦与吃力,难以坚持下去。间接兴趣要想转化为直接兴趣,就必须有外力的激发与培养,这个外力除教材的内容外,很大程度上来源于教师的作用。令人感觉兴趣盎然的教学模式无疑会给学生带来极大的学习兴趣。大量的实践证明,互动教学模式能够极好地提高学生学习兴趣,培养其交际能力。

一、互动教学模式在汉语写作课教学中的应用

"互动"是两个或更多的人相互交流思想感情,传递信息并对双方都产生影响的过程。互动教学模式的基本框架结构是,课堂教学始终围绕着教材提供的特定内容,以学生为主体,在教师有意识地精心策划、组织、指导下,学生在有意识或无意识的学习状态中动脑想、动口说、动手写。互动教学的作用在于让学生变被动学习为主动学习,调动学生动脑、动口、动手的积极性,从而激活课堂学习气氛,提高学生的学习兴趣。

(一)自由写作集体讨论

1.构思内容

构思的作用在于打开思路,所以应该鼓励学生运用汉语甚至母语进行发散性思考。不同的话题,构思的方式不同。笔者在课堂主要采用"提示构思"法。

"提示构思"法,即教师向学生预先提供与写作话题相关的信息点,让学生根据这些点来搜寻具体的内容,形成具体的想法。例如《……族的特色饮食》一文,笔者设计了如下的教学材料,并在写作前一周发放到学生手中。

根据提示完成下面的任务:①尽可能回忆、联想一切

有关本民族饮食方面的信息。②上网或者去图书馆查阅有关本民族饮食方面的信息。③与同学、朋友交流关于本民族饮食的感想。

这一步骤的目的在于：强调学生的职责，这是写作课中教师与学生互动的第一步。

2. 课堂自由写作

给学生设定10分钟，要求学生就这个话题所涉及的问题，不考虑语法、汉字，尽可能不停地、意识流似的联想开去，随意发挥地写下来。学生的这些联想通常是以词语的形式出现的，因此教师在这个过程中应鼓励学生多查词典。

3. 集体讨论

集体讨论是种集思广益的活动。学习者可以提出自己的构想，也可以摆出自己遇到的困难，求得同学或老师的帮助。集体讨论可以开拓学生的写作思路，尝试从不同角度、不同立场去认识一个事物，增加认识的深度和广度，同时弥补个人在某个话题上知识的不足，激发出写作的欲望，这实际上是一种生生互动形式。

4. 教师板书提纲

教师在黑板的中央写下题目《……族的特色饮食》，让学生将想到的相关内容说出来，教师在黑板上板书这些词或词组。学生在经过10分钟的自由写作以后，思维比较活跃，发言也比较踊跃，在师生的共同努力下，完成初级构思图。构思完成后，通过列提纲的方式选择并安排具体内容。教师可以与学生共同分析范文，并由老师将范文的提纲列在黑板上，为学生提供范本。

提纲的拟定大致可以按照以下程序进行：①用2分钟的时间，在你认为最重要的内容下面画横线。②按照一定的顺序（如时间前后等）排列以上内容，并分出段落层次。③添加文章的起始和结束段。④添加文章题目。

（二）相关词汇、句式及方法的学习

1.建立词库

在写作教学中，学生接触的范文通常对他们随后的语言输出有很直接的影响，因此教师在选择范文的时候，不仅要考虑文章题材的可参考性、层次结构的明晰性，还要考虑词语运用的可借鉴性。学生阅读范文等参考资料时，揣摩、模仿并吸收大量书面语的句型和词汇。在课堂教学中也可采用对比词表的方法，即在板书上单辟出一块，列出口语—书面语对比词表，可以将范文中的书面词列出，同时给出学生们常用的口语词；也可以随时捕捉学生们在课堂练习中出现的口语词，同时列出对应的书面语词。实践证明，这很受学生欢迎，而且也帮助学生很好地建立起了"书面词语"的概念，并能在写作时有意识地运用。

笔者在教学中要求学生建立自己的写作词库，这个词库主要包括关联词语、连接词语以及与本主题有关的书面词语，并在教学中引导学生自主地使用这个"词库"。课堂上引导学生制作词汇卡片，这不仅是为了做好当前文章的写作准备,更重要的是为了督促并协助学生形成词语储备意识。收集书面语汇的一个有效方法是使用母语——汉语词典,如《维—汉词典》从母语词义出发,查阅与之对应的汉语词汇,如关于饮食方面的煮、炖、蒸、炒、切、火候、色泽等词,都是需要学生在此阶段加以积累和选择的。

教师也可以给出词语的大致类别,要求学生将表达近似语义的词语归成一类,并写出相关句式。在学生基本掌握了范文中的书面词语以后,教师可将词语适当分组,把可以放在同一语境中的词汇放在一起,要求学生进行段落写作。例如,教师给出了这样一组词:"……不仅是……,同时也……,特别是……,……所以……时,多用……来……。"

学生据此编写了下面这个段落:抓饭不仅是维吾尔族日常生活必备之饭,同时也是待客的理想食品,特别是在各种节日时,更是必不可少。所以,维吾尔族在肉孜节等重要节日时,多用抓饭来招待客人。

2. 框定句式

教师应该向学生提示某一类文章的常用句式和表达,这样能有效地减少学生的语法错误,提高表达的准确性。例如《……族的特色饮食》写作提示可以如下。

第一,表示食品常用的句式:①……是维吾尔族最喜欢的传统食品之一,主要原料有……。②……是……之饭,同时也……食品,特别是在……,所以……时,多用……来招待客人。③……的维吾尔族除了……以外，还……那更是……。④新疆的烤羊肉串可以说是小吃，受到……的青睐。

第二，常用的词语：风靡、受到……的青睐、招徕、如……一般、可口、别具风味、……为主。

第三，通过描写食品色香味来表现食物：①这样清炖的羊肉鲜嫩味香，其汤鲜美可口，是一般的肉汤所不能相比的。②其色呈焦黄、油亮，味微辣，不腻不膻，嫩而可口。③抓饭油亮生辉，香气四溢，味道可口，营养丰富。那香喷喷的气味足以使你垂涎欲滴。

3.学习范文的写作方法

师生共同分析范文的内容选择，引导学生体会段落之间的连接教师和学生一起分析范文的结构安排学习范文所运用的写作方法、段落扩展方法以及范文所体现的汉语的写作习惯。将范文学习和写作前准备结合并对应起来，从而为学生的独立写作提供进一步的帮助。

（三）评点作文

对学生所完成的习作，传统的做法多集中于纠错和评分，即"批改"作文。但笔者认为，师生互动评议学生习作，比直接的"批改"更合适一些。对学生习作中所出现的错误应视不同情况区别对待。

第一，对于学生难以发现的结构、内容等方面的问题，直接的、个别化的指导更有效。

第二，典型的、普遍的语言错误，可设计成课堂的改错练习,进行课堂集中点评,将教师的讲解和学生的参与合为一体。错句、病句均选自学生的习作,将学生自己的问题归类并呈现在他们面前,起到了纠错和讲解的双重作用,加深了学生对语言错误的深刻印象。

第三,对于语法、词语、汉字、标点等细节方面的问题,可以通过自我或相互评价的方式。教师为学生提供相应的作文评议要求,提示学生在自评或互评时所要关注的要素。这样不仅能培养学生正确评价自我的能力,而且有助于保护学生的自尊心,并提高其自信心。

第四,对语言程度比较好的学生,直接划出其错误,要求学生自己改正,重点放在他们文章的内容和结构上;对于语言程度比较差的学生,教师可给学生当面批改作文,共同商讨、启发语言运用。

第五,教师应有重点、分阶段地纠错,合理地控制纠错的范围,减轻学生写作时"怕出错"的焦虑和担忧,使学生大胆使用汉语自由表达思想。

由于是采用母语的写作,教师应该鼓励学生在写作时不要只专注于语言的准确性,还应着眼于文章整体架构和内容的表达。在审阅最后的修订稿时,教师再对语法用词进行批改。学生应该对教师的评语及修改意见做出反应,对文章进行全面修改,从行文结构到语法、汉字。作文评改采用师生互动的形式可使学生在自由放松的氛围中提高写作水平。①

---

① 庞震. 汉字教学中"字—词联动"教学模式的构建[J]. 汉字文化, 2020(23):50—52.

二、教学模式中教师应遵循的原则

写作课的互动教学要求教师必须具备较高的综合素质,应遵循以下原则。

第一,教师要有足够的激情。无论课堂活动的设计还是组织,教师都需要认真投入。在课堂有限的时间内,节拍紧凑地、最大限度地活跃学生的思维。

第二,在写作互动教学中,教师应该遵循指导性原则,主要培养学生的自主学习意识。教师根据学生的具体情况,安排适当的教学内容。

第三,教师还要学会欣赏和赞扬学生,树立科学性和艺术性相结合的评价意识,对学生写作能力的点滴进步要做出及时的表扬。学生遇到困难和出现错误时,教师要透彻地了解学生的心理活动,采取有效措施,引导学生顺利地越过障碍,只有这样才能保证互动的顺利进行。

第四,教师要有驾驭课堂的能力。这一能力涉及教师的语言表达能力、协调能力、应变能力和决策能力。教师应该能及时处理讨论中出现的各种问题,善于与学生沟通思想,把握好讨论的话题、时间和方式等,这些都是决定写作课互动教学成功的关键。

三、提高写作课效率的方法

(一)激发学生的写作热情

教师在布置写作任务时,除了交代本次作文的写作目的之外,还要激起学生的写作欲望,变"要我写"为"我要写"。首先要善于创设情境,让学生涌现出创作的冲动。

如指导以"战争"为话题的作文课时,我在班上主持了一场关于"战争利与弊"的辩论会,学生们赛前踊跃搜集材料,赛中争相发言,赛后下笔自然思如泉涌。高中语文必修一中有一篇《江南的冬景》,学完这篇文章时也恰巧迎来今冬的第一场雪,于是我就布置了一篇《武乡的雪景》,还利用下课间隙让学生出去体验,果不其然,写作的效果非常不错,他们不仅写出自己身边的景、人、事,而且能仿照郁达夫的笔法,思想形式兼备,让我意外之余颇感欣喜。

其实作文课上,创设情境的办法可以多种多样,或者以情激趣,或者以奇动情,或者以情动人,或者以美启智……重要的是引导学生突破思维定式,充分发挥想象,多角度思维。

（二）实际解决写作困难

学生作文之所以感到困难是因为不知道写些什么内容,无话可说;而且是不知道怎样着手,无能为力。归结起来就是材料与方法的问题。那么,教师在指导时就要对症下药,要解决材料问题,教师就要做好几个工作:①平时要求学生做好读书笔记,多积累、勤背诵,写好日记或随笔。②教师在平时教学中要善于给学生补充课外资料,拓宽学生知识面。③引导学生学会辐射思维,展开联想想象,能够"见一而思三"。要解决方法问题,就是解决写作思路的问题,而确定思路的最佳方式就是列提纲。教师可先教给学生列粗略提纲的方法,即将文章的开篇、中间、结尾勾勒出即可,然后逐步教给学生列详细提纲,即主题、材料、段落层次、首尾照应、前后连贯等,抓住了主要思路,其他问题就迎刃而解了。

参考文献

一、专著

[1]崔希亮,王路江,迟兰英,等.汉字教学方法与技巧[M].北京:北京语言大学出版社,2015:56.

[2]李晓愚.中华文化故事·汉字的故事[M].南京:译林出版社,2019:54.

[3]李怡,毛迅.现代中国文化与文学[M].成都:巴蜀书社,2016:23.

[4]林睿.浸·润 构筑汉字文化浸润的语文课堂[M].福州:海峡文艺出版社,2019:38.

[5]邵怀领.汉字文化教育与课程开发体系研究[M].北京:中国社会科学出版社,2015:95.

[6]唐智芳.湖南师范大学校级规划教材 汉字解析与对外汉字教学[M].北京:知识产权出版社,2019:58.

[7]万秀凤,罗银胜,杨青泉.应用文写作[M].上海:立信会计出版社,2017:19.

[8]王琪.汉字文化教程[M].北京:商务印书馆,2018:48—49.

[9]王瑞烽,邢红兵,彭志平.汉语进修教育理论与实践[M].北京:中国书籍出版社,2016:39.

[10]于照洲.汉字知识与汉字教学[M].北京:北京语言大学出版社,2017:83.

[11]张素丽.汉字文化视野下的识字教学研究[M].天津:天津

人民出版社,2019:92.

[12]周小兵,张世涛,洪炜.对外汉语教学入门[M].广州:中山大学出版社,2017:55.

二、期刊

[1]韩高丰.基于新课程背景下的高中历史教学分析[J].汉字文化,2017(11):90—91.

[2]和建芳.浅谈高中语文教育中汉字文化的渗透[J].魅力中国,2020(02):136.

[3]黄俊.语文教学中要注意挖掘汉字的文化内涵[J].教育实践与研究,2016(05):18—20.

[4]邝秀婉.渗透"汉字文化",让识字教学意趣盎然[J].语文课内外,2020(14):309.

[5]李佳桐.文学经典的阅读、阐释和价值发现[J].卷宗,2018(02):240.

[6]罗秉相.文言文阅读应建立汉字文化观照系统[J].中学语文教学参考(上旬刊),2015(03):8—10.

[7]庞震.汉字教学中"字—词联动"教学模式的构建[J].汉字文化,2020(23):50—52.

[8]周睿.从"汉字教学"走向"汉字教育"——校本课程《汉字文化:鱼》教学例谈[J].小学教学参考,2018(10):95—96.

三、学位论文

[1]虞秋婵.高中文言虚词教学探究[D].金华:浙江师范大学,2016:26.

[2]张雅琪.高中语文教学中的汉字文化教育问题研究[D].长沙:湖南师范大学,2020:16.